En defensa de la democracia

En defensa
de la democracia

José Woldenberg

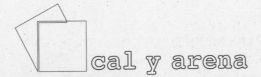

cal y arena

Primera edición en Cal y arena: 2019

Portada: Fernando Montoya

© 2019, José Woldenberg
© 2019, Nexos Sociedad Ciencia y Literatura, S. A. de C. V.
Mazatlán 119, Col. Condesa, Alcaldía Cuauhtémoc
Ciudad de México, 06140.

ISBN: 978-607-8564-22-4

IMPRESO EN MÉXICO

Índice

Para Blanca

Introducción

ESTE LIBRO TIENE COMO PREOCUPACIÓN FUNDAMENTAL: la pervivencia (y ojalá robustecimiento) de nuestro germinal régimen democrático. Porque como toda edificación humana la democracia puede fortalecerse, reblandecerse e incluso desaparecer para dar paso a fórmulas autoritarias. Reúne textos escritos entre 2014 y 2019.

En 2014 el diario *La Jornada* cumplió treinta años y Lourdes Galaz me solicitó un breve texto de balance político sobre esa época para el anuario del periódico. El resultado fue "Lo que va de ayer a hoy". Creo que es útil como introducción porque de manera sintética expone mi visión de los cambios democratizadores que vivió el país[1].

El segundo capítulo, "Antes de 2018: los nutrientes del malestar y la izquierda" reúne artículos en los que se llamaba la atención sobre los ingentes retos que afrontaba nuestra inicial y contrahe-

---

[1] Se trata de una síntesis apretada –quizá demasiado– de ideas que he expuesto en por lo menos tres libros: *Historia mínima de la transición democrática* (El Colegio de México, 2012), *La democracia como problema* (El Colegio de México, 2015) y sobre todo *La mecánica del cambio político en México* escrito conjuntamente con Ricardo Becerra y Pedro Salazar (Cal y Arena, 2000).

11

cha democracia. Resultaba claro que el descrédito progresivo de las instituciones y sujetos que la hacen posible no podía presagiar nada bueno. Ello, desde mi muy particular punto de vista, reclamaba de una izquierda capaz de comprometerse al mismo tiempo con el fortalecimiento de la incipiente democracia y con la necesidad de políticas que atendieran la desigualdad, la exclusión y la discriminación que modelaban y modelan nuestras relaciones sociales, al tiempo que reorientaba la política económica. Si hubiese que ponerle un adjetivo ése esfuerzo sería el de asimilar la tradición socialdemócrata, la que mejor ha logrado conjugar los dos grandes valores que puso en marcha eso que llamamos modernidad: la libertad y la igualdad.

El tercer capítulo, "El 2018 y su secuela", reúne textos que intentan contribuir a una discusión sobre el rumbo del gobierno que apenas inicia. La preocupación central es que a nombre de la búsqueda de una presunta equidad (que por supuesto es más que necesaria) se erosione (o peor aún se liquide) lo poco o mucho que el país ha avanzado en términos democráticos. Son reacciones "al bote pronto" que por lo menos desean visibilizar preocupaciones que (creo) no son solo mías.

El libro se complementa con tres reseñas que pueden resultar útiles. Una, sobre el importante Informe presentado por IDEA Internacional sobre el estado de las democracias en el mundo (2018); la segunda, sobre un conjunto de textos publicados en *Andamios. Revista de investigación social* de la UACM (2017) que en su sugerente título ponen el dedo en una llaga abierta: "Razones y sinrazones del desencanto con la democracia"; y la tercera sobre el libro de Steven Levitsky y Daniel Ziblatt, *Como mueren las democracias* (2018).

Se trata de textos redactados con una clara intencionalidad política y que intentan contribuir a un debate y una reflexión más allá de la coyuntura, aunque pertinentes para el momento actual. Vivimos una situación fluida e incierta, pero de lo que hagamos o dejemos de hacer ahora dependerá, en buena medida, nuestro futuro común.

Dado que se trata de una recopilación de materiales que en su momento fueron publicados de manera independiente, el libro contiene algunas repeticiones. Espero por ello la comprensión del lector y de antemano ofrezco disculpas.

El libro es producto de una invitación de Rafael Pérez Gay cuya generosidad debo agradecer una vez más. También agradezco a Delia Juárez, Daniela Morales Posada y Leonel Trejo su trabajo de edición y corrección.

Marzo 2019

Lo que va de ayer a hoy

EL MÉXICO DE 1984, EN MATERIA POLÍTICA, ES UN PAÍS lejano y ajeno. Irreconocible para las nuevas generaciones. Fantasmal para quienes tenemos memoria viva de aquel entonces. Pero debe y puede ser un referente que permita evaluar lo que ha sucedido en tres décadas.

Eran todavía los tiempos del partido hegemónico. El Presidente de la República era el licenciado Miguel de la Madrid que había ganado su elección con el 71 por ciento de los votos. El cien por ciento de los senadores eran del PRI: 64 de 64. En las elecciones para diputados de 1982, el PRI había ganado 299 de los 300 distritos y tenía el 74.8% de los escaños. Todos los gobernadores (31) eran también del Tricolor. Y el mismo partido tenía mayorías calificadas en todos los congresos locales (más del 66% de los escaños). Y para 1984, año en que se fundó *La Jornada*, de los más de 2 mil 400 ayuntamientos del país, solo doce eran gobernados por presidentes municipales que habían sido postulados por partidos diferentes al PRI.

De los partidos de la izquierda de entonces ninguno subsiste. En 1982, dos años antes, en la boleta habían aparecido cuatro candidatos presidenciales de izquierda: Arnoldo Martínez Verdugo (PSUM), Rosario Ibarra de Piedra (PRD), Cándido Díaz Cerecedo (PST) y Manuel Moreno Sánchez (PSD). Arnoldo Martínez Verdugo fue el abanderado del entonces ambicioso proyecto de unidad que había logrado que cinco agrupaciones de la izquierda, entre las que se encontraba el Partido Comunista Mexicano, dieran paso al Partido Socialista Unificado de México (PSUM). Fue el candidato de izquierda más votado y se colocó en el tercer lugar de las preferencias. Obtuvo el 3.48% de los votos. Y entre los cuatro candidatos sumaron el 6.89%.

En la Cámara de Diputados, gracias a la reforma política de 1977, ya había grupos parlamentarios opositores. En aquel año el PAN tenía 51, el 12.8%; el PSUM 17, el 4.3%; el PDM 12, el 3.0%; el PST 11, el 2.8%; y el PPS 10, el 2.5%. Pero el partido oficial podía hacer en todos los casos su voluntad porque contaba con los escaños y votos suficientes para modificar por sí mismo incluso la Constitución de la República.

En aquel México no existían comisiones de derechos humanos, tampoco garantías para acceder a la información pública, las elecciones las organizaba el mismo gobierno, el Banco de México era una dependencia más del gobierno, al igual que el entonces recién creado INEGI (Instituto Nacional de Estadística y Geografía), o los órganos reguladores de las telecomunicaciones y la radio y televisión o la Procuraduría General de la República.

Teníamos un Presidente fuerte, un Legislativo subordinado, una Corte que en materia política era omisa. Y, por ello, muy escasos contrapesos institucionales al poder del Ejecutivo Federal.

Es, insisto, un México lejano y no sólo en el tiempo. La vida política se organizaba en lo fundamental a través de un partido

18

hegemónico, que lo era como producto institucionalizado de una añeja revolución. El PNR-PRM-PRI había sido capaz de revertir la potente ola centrífuga que generó el movimiento armado de 1910-20 para convertirla en una fórmula centralizadora en cuya cúspide existía un guía-árbitro incuestionable: el Presidente.

CLAROS

Cualquier observador medio de la política sabe que hoy las cosas son diferentes. El presidente Enrique Peña Nieto, lo es gracias a que obtuvo el 38% de la votación. Él y su partido no tienen ni en la Cámara de Diputados ni en la de Senadores los votos suficientes como para imponer su voluntad. Están obligados a escuchar, negociar y pactar si es que quieren sacar adelante cualquiera de sus iniciativas. El antaño Congreso subordinado a los designios presidenciales ha dejado de serlo y sus tensiones, pleitos y acuerdos, se explican por la existencia de un pluralismo equilibrado en su seno. E incluso aquella Corte remisa a involucrarse en los asuntos políticos (esos los resolvía, por supuesto, el Presidente), es hoy un actor central a través del desahogo de no pocas controversias constitucionales y acciones de inconstitucionalidad.

Los estados de la República son gobernados por diferentes partidos y coaliciones; han vivido muchos de ellos fenómenos de alternancia, y los propios gobernadores hoy coexisten con presidentes municipales de dos, tres, cuatro y hasta siete partidos distintos. Hay sí, congresos con mayoría absoluta de algún partido, pero otra vez, la mayoría están habitados por distintas fuerzas, lo que impide que una sola de ellas haga su simple voluntad.

Hoy, en materia de ejercicio de las libertades los márgenes se han ampliado, los derechos humanos son un piso por lo menos discursivo, el acceso a la información pública en muchos casos se ha convertido en una rutina, las elecciones son organizadas por órganos autónomos y su estela de conflictos encuentra en los Tribunales una vía para su resolución, y varias funciones estratégicas antes asignadas al titular del ejecutivo son administradas por órganos autónomos: las políticas monetaria, de telecomunicaciones, de competencia económica y lo serán la de persecución de los delitos y la evaluación de los programas de desarrollo social.

Leo lo anterior y suena demasiado triunfalista. Casi como si hubiésemos llegado al paraíso. Y por supuesto no es así. Pero el énfasis me parece necesario porque en esa nebulosa a la que llamamos opinión pública no acaba por procesarse y asentarse un cambio político de enorme envergadura que vivió y modificó al país: el tránsito de un sistema monopartidista a otro plural, de elecciones sin competencia a elecciones altamente competidas y de un mundo de representación monocolor a otro habitado por una equilibrada diversidad de opciones. Y todo ello ha coadyuvado a que lo que era letra muerta en la Constitución (la división y equilibrio de poderes, las garantías individuales, las elecciones auténticas, etcétera) hoy tenga más visos de hacerse realidad.

Oscuros

¿Por qué entonces el más que constatable malestar con la política, los políticos, los partidos y nuestros congresos? Se trata de un malestar que tiene nutrientes importantes y que, de no atenderse pueden acabar erosionando mucho de lo construido.

En primer lugar nuestro estancamiento económico. A lo largo de los treinta años de vida de *La Jornada* la economía mexicana no ha crecido o no ha crecido con suficiencia. El proceso democratizador se ha visto acompañado por una densa sombra: la paralización económica, que en español quiere decir déficit en la creación de empleos formales, crecimiento exponencial del universo de la informalidad, migraciones masivas dentro y hacia afuera del país, falta de oportunidades laborales y educativas para millones de jóvenes, e incertidumbre y deterioro de las condiciones materiales de vida de un sinnúmero de familias. Ese "caldo de cultivo" contrasta vivamente con los dilatados años de crecimiento económico al amparo del autoritarismo anterior. Mientras entonces las expectativas de las familias era la de una mejora paulatina en sus condiciones de vida, en los últimos años las expectativas son exactamente las contrarias. Y en ambos casos se cumplen. Es una triste paradoja que al amparo de un régimen autoritario la economía haya crecido y que durante el tránsito democratizador y el establecimiento de la democracia no haya sucedido así.

La expansión de la violencia criminal es otro nutriente ya no sólo del malestar, sino del miedo. Porque si la espiral de violencia ha tocado y trastocado la vida de miles y miles de familias infligiéndoles pérdidas humanas y materiales, dolor, mortificación, pena; incluso las que no la han sufrido directamente, la resienten como una nube de terror potencial que puede irrumpir en cualquier momento, lo que se traduce en aprensión, inseguridad y malestar constantes. Ese ambiente de incertidumbre y recelo es un acompañante más que disruptivo de las relaciones sociales y genera un justificable malestar en relación a las autoridades que supuestamente lo son para en primer lugar garantizar la seguridad de las personas y sus bienes.

Coadyuva al disgusto con la naciente democracia el que México sea un país más que fragmentado. No sólo la mitad de la población vive en la pobreza, sino que la misma coexiste con una inadmisible concentración de la riqueza. México no es uno, sino muchos. Un país escindido, polarizado, sin puentes funcionales suficientes. Esa situación es incapaz de generar un nosotros universal, inclusivo. Por el contrario construye islas incomunicadas, plagadas de rencor y resquemor. La promesa de igualdad que porta la democracia tiene que hacerse extensiva a las esferas sociales y económicas, no sólo para que los ciudadanos (que son una construcción que requiere de condiciones materiales y culturales para hacerse realidad) puedan apropiarse y ejercer sus derechos, sino para que la convivencia social pueda ser tal y no una sorda guerra de todos contra todos.

Sumémosle a ello los déficits en el Estado de derecho y los nuevos problemas de gobernabilidad y a lo mejor tenemos mejores herramientas para entender el desencanto que rodea como un aura a nuestra naciente democracia. En relación a lo primero, hemos logrado, como país, la expansión de las libertades y que las diferentes expresiones, movimientos, agrupaciones puedan poner sobre la mesa de la discusión sus reclamos y reivindicaciones. Lo que no acabamos de edificar es un orden democrático, presidido por la ley, en donde los derechos individuales y colectivos puedan reproducirse de manera armónica.

Y en relación a la gobernabilidad en su sentido más estrecho (la capacidad que tiene un gobierno para hacer prosperar sus iniciativas a través de las instituciones), estos años nos han enseñado que en efecto gobernar en democracia es más complicado, lento y tortuoso que hacerlo bajo un régimen autoritario. Mientras en éste último una voz ordena y manda, la democracia edifica una serie de pesos y contrapesos que hacen que la toma de decisiones aparezca como morosa, zigzagueante, difícil. Lo que produce que no pocos añoren "los viejos buenos tiempos".

En fin, en 30 años el país puso los cimientos para que su diversidad política pueda convivir y competir de manera institucional y pacífica. Falta todo lo demás. Y es mucho.

Anuario de La Jornada, septiembre de 2014.

Antes de 2018: los nutrientes del malestar y la izquierda

Lo que requiere
nuestra incipiente democracia

LA ENCUESTA. EL RETO.

LA SIEMPRE IMPORTANTE ENCUESTA NACIONAL DE INGRESOS y Gastos de los Hogares (ENIGH) –de 2014–, elaborada por el INEGI, volvió a ilustrarnos sobre las características fundamentales del "piso" de nuestra convivencia social. Porque no solamente nos enteramos del monto, procedencia y distribución de los ingresos y egresos de los hogares, divididos por deciles, sino que aparecen con fuerza y nitidez los múltiples Méxicos que conforman nuestra nación y los cambios que se han producido en los últimos años. Y no creo exagerar si digo que el rasgo fundamental de ese mosaico de realidades es la de su profunda desigualad. Una desigualdad que irradia sus derivaciones a todas las esferas de la vida y que cierra el paso a cualquier esfuerzo por tratar de construir un "nosotros" auténticamente inclusivo, abarcante, idealmente universal. Nuestro sentido de pertenencia a una "comunidad nacional" es débil, gaseoso, epidérmico, porque la presunta comunidad, simple y sencillamente, no lo es. Empecemos por lo más grueso y evidente.

El 10 por ciento de los hogares más ricos, en promedio, tiene un ingreso de 46 mil 928 pesos mensuales. Mientras el 10 por ciento de los hogares más pobres recibe, en promedio, 2 mil 572 pesos. Una desigualdad oceánica. Y ello a pesar de que el decil más pobre fue el único que vio incrementar sus ingresos de 2012 a 2014 en 2.1 por ciento, mientras el más rico observó que su ingreso se deterioraba en 2.0. La diferencia sigue siendo de más de 18 veces y por supuesto construye vidas, visiones y aspiraciones, prácticas y retóricas, igualmente divergentes.

El decil noveno, es decir, el que da cuenta de los hogares más ricos, sólo superados por el 10 por ciento ya señalado, tuvo un ingreso mensual promedio de 20 mil 721 pesos. Menos de la mitad de lo que percibe en promedio el 10 por ciento de los hogares más ricos. Una diferencia para nada menor entre el 20 por ciento más acaudalado. Y si nos pusiéramos a especular –o mejor aún a documentar– sobre las diferencias entre los integrantes del decil más próspero, sin duda resultarían abismales. Es más que probable que en ese decil –el de los más pudientes– las diferencias entre los de arriba y los de abajo resultaran todavía más exageradas.

Una de las muchas posibles síntesis del Informe del INEGI podría ser que el 30 por ciento de los hogares más ricos concentra el 62.5 por ciento de los ingresos corrientes totales, mientras que el otro 70 por ciento apenas obtiene el 37.5. Dicho así, por supuesto, resulta benévolo, por lo apuntado con anterioridad, es decir, por las oceánicas diferencias incluso entre "los de arriba".

Los que se encuentran en la mitad de la tabla, los deciles 5 y 6, obtienen en promedio al mes de 8 mil 300 y 9 mil 951 pesos. Y recordemos que se trata de hogares no de personas, ya que en no pocos casos son dos o más los aportantes.

La desigualdad crónica apenas si se mueve. Las oscilaciones en dos años resultan marginales. El propio Informe nos dice que el coeficiente de Gini[2] sufrió un cambio microscópico: de 0.440 a 0.438. Nuestra ancestral desigualdad es más dura que una roca.

Ahora bien, en los dos años que se comparan: 2014 contra 2012, el ingreso corriente total disminuyó en un 3.5 por ciento. Todos los deciles perdieron, salvo el de los más pobres, como ya apuntábamos. Pero los que más vieron decrecer sus ingresos fueron los deciles del 5 al 9: 3.6, 4.2, 5.7, 6.1 y 5.6 por ciento respectivamente. En suma, malas noticias para todos.

Ahora bien, ¿cómo se distribuye el gasto? Si bien los más pobres gastan el 50.7 por ciento de su ingreso en "alimentos, bebidas y tabaco", los más ricos sólo destinan a esas áreas el 22.5 de su ingreso (Por ello el IVA aplicado a los alimentos resulta tan sensible). En sentido inverso, mientras el 10 por ciento de los hogares más ricos gastan en educación y esparcimiento el 20.6 por ciento de sus entradas, el 10 por ciento más póbre destina a esas actividades el 5.6 por ciento.

Sólo he mencionado algunos temas que aparecen en las primeras páginas de la ENIGH. Y la marcha de las cifras vuelve a colocarnos ante una disyuntiva que por desgracia se ha evadido una y otra vez a lo largo no de los años, sino de las décadas. ¿Existe la voluntad –lo que quiere decir políticas, instrumentos, acuerdos– para edificar un país medianamente integrado –lo que supone un combate real a las desigualdades–, o creemos que la inercia de las "cosas" resolverá el problema o peor aún, pensamos que ni siquiera es un problema?

[2] El coeficiente de Gini es una fórmula para medir la desigualdad.

Falta agenda socialdemócrata

En el escenario público se encuentra más que instalada una agenda liberal-democrática pertinente. Pero hace falta inyectar una agenda socialdemócrata si queremos atender las causas profundas de nuestra desnaturalizada convivencia.

Hace años Norberto Bobbio insistió en la necesidad de articular dos tradiciones que vivían escindidas: la liberal y la socialista. La segunda sin la primera era insensible a los problemas de las libertades individuales, los mecanismos de control del poder político, la normatividad que garantiza derechos fundamentales. Pero la primera sin la segunda resultaba ciega ante la desigualdad económica, las asimetrías de poder, los costos sociales del ejercicio de las libertades de los más fuertes. Por ello, postulaba fundir esas dos grandes corrientes de pensamiento: un socialismo fuertemente teñido de reivindicaciones liberales o un liberalismo recargado de la "cuestión social".

Entre nosotros, sin embargo, en la prensa, la academia, las organizaciones no gubernamentales, los circuitos de representación y los gobiernos, gravitan con fuerza una serie de reivindicaciones centrales –estratégicas– que tienen que ver con dos grandes áreas: el control de las acciones de las instituciones estatales y la ampliación de las libertades individuales. Ambos asuntos son, por supuesto, nodales en el proceso de construcción y fortalecimiento de un régimen democrático.

Siguiendo a Pierre Rosanvallon[3], se podría afirmar que en los últimos 20 o 30 años en México se han desplegado movilizaciones,

[3] *La contrademocracia: La política en la era de la desconfianza*, Manantial, Argentina, 2007.

iniciativas y reformas que tratan de 1) proteger al individuo del desbordamiento de los poderes públicos, 2) multiplicar la vigilancia, el control, sobre esos mismos poderes, 3) generar pesos y contrapesos dentro del propio entramado institucional y 4) someter a controles de constitucionalidad y legalidad las acciones de esa red de representación y gobierno.

Resulta natural, comprensible y necesario. Durante una larga etapa, las instituciones estatales, cuya cúspide era el titular del Poder Ejecutivo, desplegaron su accionar sin demasiados contrapesos sociales, institucionales y normativos. Eran o parecían agentes incontestables, todopoderosos, por encima del común de los mortales y sin necesidad de rendir cuentas. El proceso de cambio democratizador modificó esa relación y construyó pesos y contrapesos entre los poderes públicos y entre éstos y muy diferentes agentes sociales.

Estamos lejos de haber logrado los estándares deseados en esa dimensión, y por ello es acertado mantener viva y redoblada una agenda liberal-democrática. Pero brilla por su ausencia –o para no exagerar, apenas y se ve– un programa socialdemócrata que ponga también en el centro de la atención pública y en los circuitos de representación la serie de problemas que impiden que México sea un país medianamente integrado, armónico. Estoy hablando de los temas del empleo, las remuneraciones, la informalidad, las oceánicas desigualdades sociales, la pobreza y la pobreza extrema, que conforman un país polarizado, escindido.

Esa profunda desigualdad que todo lo marca debería ser el eje de una preocupación expansiva que fuera capaz de construir un basamento de satisfactores materiales y culturales básicos (educación, salud, alimentación, transporte y vivienda) que eventualmente se tradujera en un cemento cohesionador de lo que hoy no es más que un archipiélago de clases, grupos y pandillas que no se reconocen mutuamente.

Recuerdo la vibrante película de Ken Loach, *El espíritu del 45*, una cinta sobre el esfuerzo que ordenó la reconstrucción de la Gran Bretaña después de la Segunda Guerra Mundial. Se trató de edificar un piso de bienes públicos desde las ruinas y cenizas que había dejado la conflagración. Por supuesto que se apreciaba la vuelta a la paz, pero en el ánimo de la época flotaba la idea de que esa nueva paz debería ser acompañada de un esfuerzo consistente por una sociedad igualitaria o por lo menos capaz de cerrar las oceánicas brechas que la modelaban. El histórico Informe Beveridge estableció que había que luchar contra la miseria, la ignorancia, la enfermedad, el desempleo masivo y en esa dirección se enfilaron los grandes proyectos de vivienda, salud y educación públicos. Se trató de un aliento capaz de forjar lo que se llamó un Estado de bienestar que transformó la vida de millones de personas. Algo así necesitamos para México, porque sin ese basamento todo lo demás estará asentado en tierra movediza.

IMPUESTOS, CRECIMIENTO, EQUIDAD

En el duro y pertinente *Retrato de un país desfigurado* que dio a conocer en agosto de 2015 el Instituto de Estudios para la Transición Democrática, que preside Ricardo Becerra, se dice que "es indispensable abrir un debate sobre los principios, objetivos y prioridades del gasto, centrados en la construcción de *una agenda pública para el crecimiento y la equidad social:* presupuestar para la equidad y la seguridad social, y orientar el peso del gasto hacia la redistribución. La convocatoria al presupuesto base cero puede aprovecharse para anclar en el presupuesto una estructura que asegure un piso mínimo de derechos económicos y sociales universales, y que pueda robustecerse con el tiempo (a través de reformas hacendarias progresivas)"[4].

Y en efecto, crecimiento, equidad y fiscalidad conforman un triángulo estratégico. Jaime Ros, en su más reciente libro[5], nos recuerda que el sistema fiscal teóricamente debe cumplir tres funciones: a) provisión de bienes públicos y de acumulación de capital público (infraestructura física y social), b) estabilización de la actividad económica mediante una política anticíclica que modere las recesiones y atenúe los auges, y c) redistributiva, orientada a reducir la concentración del ingreso y la riqueza mediante un sistema de impuestos progresivos y una estructura de gasto que atienda las necesidades de los estratos de menos ingresos.

No obstante, "en México ninguna de estas funciones se cumple satisfactoriamente" y ello debido a la "baja carga fiscal". Ros demuestra que dicha carga no es sólo inferior a la de los países de la OCDE, sino también se encuentra por debajo de la de los países de América Latina. Y "el efecto de la baja carga impositiva es un bajo nivel de gasto público, en particular (1) de inversión pública (sobre todo en infraestructura), también (2) un "gasto social" precario (a pesar de que aumentó, se encuentra por debajo del promedio latinoamericano) y (3) las "cuentas fiscales siguen siendo fuertemente vulnerables a los cambios en los ingresos petroleros", por lo que su función estabilizadora tampoco puede cumplirse de manera cabal.

---

[4] *Retrato de un país desfigurado*, IETD, 2015, p.16.
[5] *¿Cómo salir de la trampa del lento crecimiento y alta desigualdad?*, colección Grandes Problemas, COLMEX / UNAM, 2015.

Pero la recaudación fiscal no sólo es baja, resulta injusta. "Recae de manera no proporcional en los impuestos indirectos en lugar de en los ingresos a las personas y empresas e impuestos a la propiedad, como sucede en los países desarrollados." Mientras la tasa máxima del impuesto sobre la renta bajó (55% a principios de los 80 a 28% en 2009, para recuperarse con la última reforma fiscal –35%–), el IVA ha tendido a aumentar (del 10% en sus orígenes a 16% hoy). Y no sólo la recaudación es desigual (en México los impuestos a la propiedad suman cero, mientras en los Estados Unidos representan el 12.9% de los ingresos fiscales), el gasto tampoco ayuda a atemperar las desigualdades, como sí sucede en los países europeos y asiáticos desarrollados.

Como se sabe, para medir la distribución del ingreso se utiliza un coeficiente llamado de Gini. Ros hace un interesante ejercicio para observar el resultado de esa distribución dejada a la sola fuerza del mercado para luego compararla con el resultado que se obtiene de la "función redistributiva del Estado" (política fiscal y gasto). La conclusión: "México tiene un Gini de mercado similar al de Portugal, Italia, Gran Bretaña y Alemania". Pero no resulta así después de impuestos y transferencias. Mientras en México la corrección es de aproximadamente 2 puntos porcentuales en Alemania es de 20.

Por supuesto, modificar la fiscalidad para hacerla más robusta, progresiva y redistributiva no es sencillo. Hablamos de afectar intereses duros y maduros. Y Ros, de nuevo, ofrece algunos ejemplos ilustrativos y provocadores. Dice: si el 1 por ciento más rico de la sociedad mexicana (que se "apropia aproximadamente entre el 21 y 30% del ingreso total") pagara tasas impositivas similares a las de los países escandinavos y se abolieran todos los demás impuestos, "podríamos mantener o elevar la actual carga fiscal". Pero siendo realistas, nos dice, aumentando un poco más la progresividad en el pago del ISR y elevando los impuestos a la riqueza y estableciendo gravámenes a las grandes fortunas heredadas, podríamos no sólo elevar la recaudación, sino reducir la desigualdad y promover el crecimiento económico. Y por supuesto habría que hacer transparentes todos los ingresos y egresos de las instituciones públicas.

En suma, nuestra incipiente democracia requiere una inyección de eso que algunos llaman "la cuestión social" y que no es otra cosa que el anhelo de construir una sociedad para todos.

Folios, núm. 30, Instituto Electoral y de Participación Ciudadana del Estado de Jalisco, noviembre 2015.

La democracia para un México social o las fuentes del desencanto

AY QUE REPETIRLO: MÉXICO FUE CAPAZ DE CONSTRUIR una germinal democracia. Sí, construir, porque no se trató de una aparición, de una buena nueva, de un resultado de la mera inercia. Movilizaciones, debates, elaboraciones, reclamos, conflictos, fueron el motor de seis operaciones reformadoras en el lapso de veinte años (1977-1996), que abrieron las puertas para que corrientes político-ideológicas que no se encontraban representadas en el mundo institucional pudieran llegar a él, que deconstruyeron normas e instituciones y diseñaron nuevas de remplazo para ofrecer garantías de un manejo imparcial de los comicios, y que lograron edificar un piso más o menos equilibrado para que se reprodujeran las contiendas comiciales.

Germinal, porque la democracia entre nosotros no tiene más de veinte años (para ser exactos, dieciseis). A pesar de que desde el añejo oficialismo se decía que México era un país democrático y de la incomprensión extendida del proceso de transición democrática, lo cierto es que las normas, las instituciones, los partidos y la correlación de fuerzas que la sostienen son una relativa novedad en México.

Y democracia, porque todos los síntomas de ese régimen de gobierno son fácilmente detectables: elecciones competidas, división de poderes, fenómenos de alternancia, pluralismo equilibrado en los órganos representativos, expansión de las libertades, y súmele usted.

No se trata del arribo a la tierra prometida, sino apenas a un sistema de gobierno que permite la convivencia y la competencia institucional y pacífica de la diversidad política que cruza y modela al país y del marco en el que los relevos de gobierno pueden hacerse sin el devastador y costoso expediente de la violencia (como lo decía Popper). Y vale la pena valorarlo, porque hay demasiados indicios de que el aprecio por la democracia no parece crecer sino decrecer (ello a pesar de que no exista ninguna corriente intelectual o política arraigada que retóricamente no se diga comprometida con la reproducción de la democracia).

Entiendo que dos grandes retos tiene que afrontar la reproducción más o menos armónica de nuestra incipiente democracia: 1) la de su gobernabilidad y 2) la de un entorno social marcado por profundas desigualdades económicas y sociales, lo cual no sólo genera tensiones, sino desafecto –distancia crítica– hacia los instrumentos que hacen posible a la democracia (partidos, políticos, parlamentos). Entiendo también que debo poner un énfasis especial en el segundo de los desafíos, pero diré algunas palabras también sobre el primero.

GOBERNABILIDAD

El rasgo más sobresaliente de la política mexicana de los últimos años es la existencia de un pluralismo equilibrado en los órganos representativos. En particular en el Congreso, desde 1997 ningún partido (en singular) ha logrado contar con la mayoría absoluta de los escaños en la Cámara de Diputados, y eso mismo pasa en el Senado desde el año 2000 (y así será por lo menos hasta el año 2018 en ésta última Cámara). Es la desembocadura más notoria y elocuente del proceso democratizador.

Es producto no del azar y tampoco solamente de las fórmulas de traducción de votos en escaños, sino de una sociedad masiva, compleja, pero sobre todo diferenciada que no cabe ni quiere hacerlo bajo el manto de una sola agrupación partidista. Por el contrario, una sociedad marcadamente desigual en la que palpitan diversos intereses, sensibilidades, ideologías y prejuicios, encuentra –así sea de manera inexacta– en una pluralidad de partidos los referentes necesarios para identificarse o identificarse a medias. No se trata entonces de un fenómeno artificial, sino de la traducción de una sociedad diversa en una representación igualmente diversa.

Esa nueva realidad nos ha enseñado que, en ese sentido, la democracia puede tener la necesidad de afrontar los problemas de gobernabilidad que naturalmente surgen de la expresión y la representación de la pluralidad política. Y entendemos, por el momento, por gobernabilidad, la capacidad que tiene –o no– un gobierno para hacer prosperar sus iniciativas en el circuito de la representación. Es decir, estamos asumiendo el sentido más estrecho de la palabra.

La inexistencia de mayorías absolutas en ambas Cámaras hace tortuoso su funcionamiento y difíciles los acuerdos, y por ello surge la preocupación por cómo construir esa mayoría permanente que acompañe la gestión presidencial. Pero si la preocupación es legítima, algunas de las recetas que han circulado no lo son.

La fórmula para integrar la Cámara de Diputados incluso premia a la primera fuerza política hasta con un 8 por ciento más de asientos en relación a sus votos. Pero como desde hace seis legislaturas ningún partido ha logrado más del 42.2 por ciento de los sufragios, pues ninguno ha conseguido la tan deseada mayoría absoluta de representantes.

Esa situación contrasta vivamente (y para bien) con las largas décadas de hegemonía de un solo partido. Recordemos que desde 1929, primero el PNR, luego el PRM y después el PRI, no sólo contaron con mayorías absolutas en las dos Cámaras, sino incluso con mayorías calificadas (más de dos terceras partes), y en el caso del Senado con el cien por ciento de los escaños. No fue sino hasta 1988 que el PRI perdió la mayoría calificada en la Cámara de Diputados e ingresaron al Senado los primeros 4 legisladores de la oposición. (El caso de Jorge Cruickshank en 1976 no creo que pueda ser considerado como antecedente, porque fue postulado conjuntamente por el PPS y el PRI).

Pero ciertamente el pluralismo equilibrado instalado en el Congreso hace más difícil la toma de decisiones. El largo período de predominio de un solo partido acostumbró a muchos a ver al circuito legislativo como un mero trámite en donde la voluntad presidencial era procesada con celeridad y sumisión. El Presidente y su partido tenían los votos suficientes en el Congreso para hacer que sus iniciativas se aprobaran en forma expedita. Y ello cambió de manera radical a partir de 1997/2000. Desde entonces un solo partido no puede hacer su voluntad en el Congreso. Desde entonces fue necesario hablar, escuchar, negociar, acordar, si se quería sacar adelante cualquier iniciativa. Desde entonces resulta más tortuoso, lento, difícil, aprobar una reforma constitucional o legal, nombrar una comisión, establecer el orden del día, dar por buena la Ley de Ingresos u ofrecer vía franca al Presupuesto de Egresos de la Federación.

Y entonces surgió la añoranza. Una fuerte ola de opinión conservadora se desató. "El equilibrio de fuerzas complica demasiado la gobernabilidad." "Así no se puede. El Congreso es lento, incapaz, se encuentra atorado." "Requerimos de una mayoría que haga eficiente la gestión de las Cámaras." "Que el que gane, gane, y pueda realizar su proyecto sin estorbosos obstáculos." Y esa corriente desencantada, presurosa y nostálgica, empezó a idear y a proponer fórmulas para transformar a una mayoría relativa de votos en una mayoría absoluta de escaños. Total, en aras de la eficiencia y la velocidad, la ley podía retocar la voluntad de los ciudadanos expresada en las urnas y concederle a quien más votos obtuviera (digamos el 38 por ciento) la mayoría absoluta de los asientos (por lo menos el 50 por ciento más uno). No importaba que con ello se trastocara la "voluntad popular", no importaba que como por arte de magia, una minoría (la más grande) se convirtiera en mayoría y el conjunto de las minorías que sumaban la mayoría de los votos se volvieran en conjunto minoría, de lo que se trataba era de inyectar eficiencia, eficacia, rapidez, agilidad, a un Congreso trabado.

No era una reacción marginal. Concurrieron académicos destacados, periodistas serios, e incluso el Presidente de la República se hizo eco de esa aspiración restauradora. Y no faltaron las fórmulas ingeniosas: reintroducir una "cláusula de gobernabilidad"; permitir que el porcentaje de votos totales se pudiera aplicar en la lista plurinominal sin tomar en cuenta el número de escaños alcanzados en la uninominal; suprimir o reducir el número de diputados plurinominales. En fin, fórmulas para construir una mayoría artificial hay muchas y variadas.

Para bien, la firma del Pacto por México, entre muchas otras cosas, nos dice que la ruta puede y debe ser otra. La forja de una mayoría fruto de las artes de la política. Ni exorcismos ni magia; política. Porque si ninguna fuerza tiene la mayoría, lo conveniente y lo pertinente es formarla a través de la negociación y el acuerdo. Y eso representa el Pacto. Un Pacto que además es inclusivo, por lo pronto, de los tres principales partidos del país. No es poca cosa.

Porque, en efecto, las artes de la política pueden trascender incluso malos diseños institucionales. Pero el Pacto no será eterno ni creo que sus promotores lo piensen de esa manera. Ha llegado el momento de preguntarse y discutir con seriedad si la fórmula de gobierno que consagra nuestra Constitución (un régimen presidencial), es la mejor y la más armónica dada la existencia de un pluralismo equilibrado que por fortuna ningún exorcista podrá conjurar.

La fórmula presidencial supone que el Congreso y el titular del Ejecutivo surgen de procesos electorales independientes aunque se celebren el mismo día. De tal suerte que resulta natural un gobierno de minoría; es decir, un Presidente que no cuente con el respaldo suficiente en el Congreso. El supuesto de un régimen parlamentario es que el gobierno surge del parlamento, y cuando un solo partido tiene los asientos necesarios como para aprobar dicho gobierno, debe y puede hacerlo, construyendo un gobierno monocolor. Pero cuando ninguna fuerza política tiene dichos asientos, lo natural, lo conveniente y lo políticamente sensato es edificar un gobierno de coalición que esté respaldado por una mayoría de legisladores. Esas coaliciones suelen acordar un programa de gobierno, una agenda legislativa y un "gabinete". Vale la pena pensarlo.

DÉFICIT DEL ORDEN DEMOCRÁTICO

Si la democracia tiene dos caras, hemos avanzado mucho en una y (casi) nada en otra. Me explico. Como Jano, la vieja divinidad romana, la democracia mira en dos direcciones opuestas: debe ser expresiva de la diversidad de opciones, ideologías, sensibilidades, intereses que cohabitan en una sociedad, y debe generar un orden para garantizar los derechos de todos y no quedar sujeta a la ley del más fuerte. Se trata de dos caras que viven en tensión, no fácilmente reconciliables, porque ponen en acto valores enfrentados: el ejercicio de las libertades una, y el límite a dicho ejercicio para preservar los derechos de terceros, la otra. Libertad sin orden, ya se sabe, puede generar anarquía y orden sin libertad es sinónimo de dictadura. Por ello, la democracia (dicen los libros de texto) supone un orden donde puedan expresarse libremente las distintas nociones, ideas y proyectos, en el entendido que todas ellas son parte de un todo mayor que las protege y exige respeto para los otros.

Recuerdo aquella idea de Arthur Koestler de que cada individuo, familia, tribu, sociedad, Estado, porta al mismo tiempo una "tendencia integradora" y una "tendencia autoafirmadora". Cada uno de esos eslabones (los llamaba "holones" a todos, porque eran al mismo tiempo un todo y una parte de un sistema mayor), necesita y quiere preservar su individualidad y al mismo tiempo requiere ser y es parte de un todo mayor. "La tendencia autoafirmadora

43

constituye la expresión dinámica de su carácter de todo, mientras que la tendencia integradora lo es de su condición de parte." Se trata de que "cada parte debe afirmar su personalidad […] pero al mismo tiempo, la parte ha de someterse a las exigencias del todo". Suponía él que esos dos resortes tienen que mantener un cierto equilibrio, bueno para el conjunto y bueno para la fracción. Si ello no sucedía se multiplicaban las "patologías".[6]

Pues bien, en nuestra germinal democracia no son pocos los que quieren "afirmar su personalidad" asumiéndose como un "todo", sin tomar en cuenta que al mismo tiempo son sólo "una parte" de un todo mayor que reclama una cierta y necesaria "integración" de esa parte. Me temo, sin embargo, que se requiere algo más que llamados a la buena conducta para construir ese equilibrio virtuoso entre las tendencias de "autoafirmación" y de "integración", entre los intereses y exigencias propias y los del conjunto.

Jano, dice Arthur Cotterell en su *Diccionario de mitología universal*[7], no sólo veía en direcciones distintas sino también hacia el pasado y el futuro al mismo tiempo. Luego de la brutal represión a la marcha estudiantil del 10 de junio de 1971 pasaron dos o tres años antes de que en el Distrito Federal se pudiera realizar una nueva manifestación independiente. El Zócalo y las calles de la ciudad estaban reservados única y exclusivamente a concentraciones del oficialismo. El espacio público sólo podía ser usufructuado por aquellos que quisieran agradecer algo al Presidente, refrendar su lealtad a las instituciones, apoyar el esfuerzo del gobierno. Cuarenta años después, las libertades se han ampliado, extendido, multiplicado. En la capital y los estados se realizan marchas, mítines,

[6] *Jano*, Debate, Madrid, 1981.
[7] Ariel, Barcelona, 1992.

concentraciones, acompañadas de unas más dilatadas libertades de expresión, de prensa, de asociación. Hemos, como sociedad, creado y robustecido la cara expresiva de la democracia. Basta abrir cualquier periódico al azar para enterarse de reclamos distintos, movilizaciones de todo tipo, acusaciones, ocurrencias y proclamas, amenazas y propuestas. Cada individuo, grupo, asociación, se reafirma, se expresa, demanda, exige. En buena hora.

La otra cara del asunto es que la democracia presuntamente también es un orden. Un marco que protege el ejercicio de las libertades, entendiendo que las mismas tienen un límite cuando se topan con los derechos de los otros. Supone que las partes que conviven y compiten bajo su manto tienen el derecho de "afirmarse" pero a condición de que acepten que no se encuentran solas en el escenario y que los otros merecen no sólo respeto sino consideración. El marco normativo, la estructura del Estado, las garantías de las personas, se suponen diseñados para armonizar los derechos individuales y sociales con la reproducción de la compleja vida en sociedad. Pues bien, en esa dimensión nuestros déficits están a la vista.

Como si fuera Jano veo hacia el pasado y observo mucho orden y escasa libertad, lo que puso en acto un fuerte reclamo democratizador; oteo el futuro y espero que el péndulo no llegue al otro extremo, porque ya se escuchan voces que suspiran por regresar al orden "a como dé lugar". Si mal no entiendo, tenemos entonces como país (no sólo el Estado, no sólo la sociedad) un reto de esos que se dicen de época: establecer un equilibrio entre libertades y respeto a los derechos de terceros, y creo que a eso se le llama orden democrático. Es sencillo decirlo, está más que complicado construirlo.

53.3 MILLONES DE POBRES

Pero la democracia, como ya lo apuntaba el PNUD desde el año 2005, se reproduce en medio de agudas tensiones, fruto de la pobreza circundante. Los datos agregados más sobresalientes del siempre relevante "análisis y medición de la pobreza" que cada dos años presenta el CONEVAL son que la población en situación de pobreza pasó de 2010 a 2012 del 46.1 por ciento de la población al 45.5 (una disminución minúscula en términos relativos) y de 52.8 millones de personas a 53.3 (un incremento "pequeño" en términos absolutos). También que la población en situación de pobreza extrema disminuyó un poquito en cifras absolutas y relativas (del 11.3 por ciento al 9.8; y de 13 millones a 11.5), y que tanto porcentual como en números absolutos aumentó "la pobreza moderada" (del 34.8 por ciento al 35.7; y de 39.8 millones a 41.8). El informe permite detectar las oscilaciones en los diferentes estados e incluye innovaciones como la situación de las personas con alguna discapacidad física o mental, y debería ser un insumo obligado para políticos, académicos, periodistas e incluso para el "hombre de la calle". Si abrimos el campo de visión a los últimos 20 años, aparece una "inamovilidad" de los niveles de pobreza que debería ser el eje de una preocupación multiplicada que diera paso a un conjunto de políticas capaces de revertir tan drástico escenario. Cierto que las dos grandes crisis económicas (1994-95 y 2008) mucho pueden explicar, cierto que la falta de crecimiento económico es otra "variable" que influye de manera significativa, cierto que la situación podría ser peor sin la existencia de "los programas de transferencias condicionadas… y de otros programas sociales", pero la pobreza que sella la vida de casi la mitad de la población está ahí y es la que dibuja lo que somos como sociedad.

La oceánica pobreza resulta más ofensiva porque está acompañada de tres agravantes: a) la desigualdad, b) la indiferencia y c) la defensa de privilegios.

a) Somos una sociedad profundamente desigual. Recuerdo otra vez la sentencia del PNUD en el año 2005 que decía que si bien América Latina no era el continente más pobre (esa triste situación la vivía África), sí éramos el continente más desigual. Coexisten entre nosotros dos, tres o cuatro "Méxicos" diferentes. No se requiere ser un especialista sino simplemente salir a las calles, pasear por los caminos del país, asomarse al norte y al sur, para constatar que no somos una sociedad, sino múltiples sobrepuestas que difícilmente se identifican unas con otras. Los niveles de desigualdad son tales que resulta casi imposible (salvo desde la demagogia o quizá desde los deportes o desde algunas de las manifestaciones culturales), referirse a un nosotros inclusivo. Y la pobreza en contraste con la riqueza, con la concentración de la misma, se vuelve (o debería volverse) más escandalosa.

b) El Informe de CONEVAL además de sus virtudes intrínsecas tiene una derivada. Durante dos, tres o cuatro días, los diarios, las radiodifusoras y la televisión, hablan sobre la pobreza y la documentan. No está mal. Pero una vez más, con el lento paso de los días, el tema vuelve a evaporarse, a disolverse lentamente en medio del ruido ambiental. Lo que debería ser un asunto estelar y permanente de la política mexicana, una discusión seria y extensa sobre los resultados que se publicitan, motivo de seguimiento y preocupación, plataforma para remar contra lo que quizá sea el rasgo más preocupante de la realidad nacional, una vez más fue flor de un día.

Somos –como sociedad y como sociedad política– insensibles. No existen los resortes necesarios para activar voluntades colectivas, políticas de gobierno ambiciosas, iniciativas de organizaciones no gubernamentales. Lo cierto es que la medición de la evolución de la pobreza por parte del CONEVAL no produce los ecos permanentes que debería. Quizá la razón más profunda sea que la desigualdad es ancestral. No se inventó ayer ni antier. Las décadas y los siglos pasan y parece inconmovible. Y por supuesto nos hemos acostumbrado. No conmueve, no indigna, no moviliza.

c) La pobreza además no sería tan agresiva si no se reprodujera en un mar de privilegios que no se asumen como tales. Apenas se anunció una reforma fiscal que eventualmente podía gravar más a quienes más tienen y saltó la "alerta por golpe del ISR a la economía"[8] ¿Qué se encontraba bajo ese título? La advertencia del senador Héctor Larios (PAN) de que "elevar la tasa del ISR a las personas de mayores ingresos puede […] afectar gravemente la actividad económica […]". Ya se conocen los argumentos cansinos y recurrentes: primero hay que ampliar la base de los contribuyentes, ajustar el aparato y el gasto públicos, eliminar la corrupción, o lo que usted guste y mande, pero que los que más tienen más contribuyan (en términos absolutos por supuesto, pero también relativos) eso sí que no. Los pobres pueden ser 53.3 millones, pero nadie está dispuesto a renunciar a sus privilegios.

El problema para la reproducción de la democracia es que esos 53.3 millones de personas tendencialmente no sólo guardan una distancia crítica en relación a la democracia, sino que con dificultad pueden convertirse en ciudadanos dignos de ese

---

[8] Titular de la primera plana de *Reforma*, 28 de julio de 2013.

nombre. Porque la noción de ciudadanía supone sujetos capaces de apropiarse y ejercer sus derechos y para ello es necesaria una base mínima de satisfactores materiales y bienes culturales de los que "normalmente" los más pobres están excluidos. Recuérdese a Guillermo O'Donnell y su caracterización de las democracias latinoamericanas como democracias de baja intensidad y más bien delegativas.

MUCHOS MÉXICOS

Una profunda fractura social marca nuestra convivencia (para llamarla de alguna manera). Somos una sociedad fragmentada y polarizada. Una serie de islas autorreferentes con escasos puentes de comunicación y escindidas por una desigualdad oceánica. Mientras en 2010 el 10 por ciento de los hogares más pobres apenas recibía el 1.5 por ciento del ingreso total, el 10 por ciento más rico concentraba el 37. Mientras la mitad más pobre recibía el 19.3 por ciento del ingreso, la mitad "más rica" se quedaba con el 80.7. Esa situación genera realidades no solo distintas, sino alejadas unas de las otras. Son islotes tapiados que sólo ven por sus propios intereses y no pueden (o no quieren) ver por el conjunto.[9]

Extrema riqueza y extrema pobreza coexisten en el territorio nacional y el conjunto de grises intermedios no pueden construir un nosotros inclusivo. Por el contrario, lo que aflora y se expresa son la infinidad de "nosotros" particulares, cada uno con sus intereses, expectativas, reclamos y horizontes propios. Lo que la CEPAL con

[9] Fernando Cortés, "Medio siglo de desigualdad en el ingreso en México", *Economía UNAM,* 2013.

buen ojo clínico ha diagnosticado como un déficit de cohesión social. Cada quien –organización, grupo o pandilla– ve para su propio santo, porque lo que le suceda al resto no le incumbe, no se reconoce en los otros, no los considera dignos de atención.

Ese archipiélago no genera puentes de contacto; divide y crea desconfianza mutua, y sobra decir que la mano invisible del mercado, tan potente para premiar y castigar, para estimular la competencia y la innovación, es ciega ante las desigualdades que en su despliegue se generan. No hay que esperar de él ni piedad ni correcciones. Hace lo que hace. No es un mecanismo juicioso sino inclemente. Por ello, si no queremos convertir a la sociedad en un mercado, se requieren políticas que pongan en el centro de su atención la construcción de un nosotros inclusivo y una sociedad menos polarizada. No solo por razones éticas –que a muchos no conmueven–, sino por razones políticas es imprescindible pensar si seremos competentes para construir una convivencia digna de tal nombre.

Y no se puede ser muy optimista. El último episodio de la reforma fiscal resultó elocuente. A una pequeña reforma en el sentido correcto (porque asume la desigualdad y desea combatirla) se le opuso una ola mediática y política que estuvo a punto de echarla por la borda.

La propuesta inicial planteaba una "pensión universal" para los más pobres mayores de 65 años y que no estuvieran registrados en el IMSS o el ISSSTE, elevar el impuesto sobre la renta a quienes ganan más de 500 mil pesos al año, gravar la venta de acciones, aplicar IVA al pago de colegiaturas y a la compra/venta de viviendas, la eliminación de la consolidación fiscal y el no haber introducido el IVA en alimentos y medicinas (ya se sabe que los que más tienen aportarían más en términos absolutos, pero los más pobres dedican un porcentaje mucho más alto de su gasto en comida), parecían ser acciones en el sentido correcto. Buscar que quienes más ganan cooperen con más y que lo fiscal tenga un cierto impacto redistributivo.

No obstante, como era de esperar, los resortes insolidarios se activaron de inmediato. Nadie depone sus privilegios sin por lo menos acusar al gobierno y/o al Congreso y/o a los partidos y/o al Pacto de abusivos, insensibles o lo que usted quiera. Los privilegios son eso, un trato excepcional a través de reglas o indultos que benefician a unos en prejuicio de otros, pero que son vividos por sus beneficiarios como si fueran derechos. Y es imposible esperar que quienes han explotado y sobreexplotado esos privilegios los depongan de buena gana. Nadie milita contra sus intereses. Si la consolidación fiscal fue utilizada por algunos empresarios para cargar pérdidas a empresas sanas y con ello evitar el pago de impuestos, ahora que se intenta remover, más de uno se siente defraudado. Si quienes invierten en la bolsa de valores ahora tendrán que pagar un impuesto por sus utilidades, es "natural" que se quejen para intentar mantener la exención que los beneficia. En el reino de los intereses particulares es iluso esperar solidaridad. Pero para eso –se supone– está el Estado, para intentar ver por el conjunto.

Resultó sintomático que en muchas de esas reacciones se haya omitido lo que quizá otorga el mayor sentido a las medidas propuestas: la llamada "pensión universal" y los primeros pasos hacia un seguro de desempleo. Dos propuestas que estarían apenas iniciando una especie de "piso social" para hacer de la nuestra una sociedad menos escindida.

Otra fuente de reacciones adversas es la que tiene que ver simple y llanamente con la (i)lógica política. "Si el gobierno es la encarnación del mal –dice la pulsión opositora– no estoy dispuesto a concederle nada, ni el beneficio de la duda. Porque todo reconocimiento lo fortalece y me debilita a mí". Esa fórmula maniquea y simple asume que solo el destacamento opositor es capaz de generar mejores condiciones de vida para todos. Una ficción útil para mantener la cohesión de los propios y enfrentar a los otros.

Hay que decirlo: ciertamente una mayor recaudación demanda una mayor transparencia y rendición de cuentas. Es el complemento indispensable para que los recursos públicos sean correctamente ejercidos, para evitar todo tipo de corruptelas y para que el ciudadano de a pie conozca cómo invierten y gastan las instituciones del Estado.

LA FALTA DE COMPRENSIÓN Y APRECIO POR LA DEMOCRACIA. LA INSATISFACCIÓN CON LA MISMA

Por último: el aprecio por la democracia es una dimensión que no puede escapar al análisis. Por supuesto el aprecio (o desprecio) depende de la comprensión y valoración que hagamos de la misma. Pero también de las "externalidades" (fea palabra) que la misma produzca. Y en los tres campos estamos en problemas.

Ni comprendemos ni valoramos a la democracia. Esa es la triste conclusión a la que llego luego de revisar el más reciente informe de Latinobarómetro. Se trata de una encuesta que se viene realizando en 18 países de América Latina desde 1995 para medirle el pulso a los humores públicos oscilantes en relación a la democracia. Pues bien, la información sobre México no es para lanzar las campanas al vuelo.

No entendemos lo que es la democracia. Una fórmula de gobierno que permite la convivencia y la competencia institucional de la diversidad y que ofrece la posibilidad de cambiar a los gobiernos sin el uso tradicional de la violencia. Se escribe fácil pero es una auténtica construcción civilizatoria; y en nuestro caso –como ya apuntamos– arribamos a ella luego de una combinación virtuosa de movilizaciones, conflictos y reclamos y de sucesivas reformas para transformar normas e instituciones. La democracia se sostiene gracias a la existencia de grandes partidos políticos que actúan como agregadores de intereses, redes de relaciones, plataformas de lanzamiento electoral, referentes ideológicos, enlaces entre la sociedad civil y el Estado y súmele usted. Y cristaliza en el mundo de la representación, fundamentalmente en los Congresos, donde habita la pluralidad de opciones políticas que cruzan y modelan un determinado país. Por ello, la democracia y su sustentabilidad son imposibles sin partidos y Congreso. No obstante, a la pregunta de si la democracia puede funcionar sin partidos, el 45 por ciento de los mexicanos respondimos que sí. Se trata del porcentaje más alto de la región; 14 puntos por arriba de la media latinoamericana y muy lejos de Venezuela (14), Argentina (17), República Dominicana (18) o Uruguay (23). También quedamos en el último lugar (o en el primero, según se vea), cuando se afirma que la democracia puede funcionar sin Congreso Nacional: 38 por ciento de los mexicanos respondieron que sí; otra vez muy lejos de Argentina (11), Venezuela (14) o Uruguay (17), y 11 puntos por encima de la media de los 18 países (27).

Pero tampoco la apreciamos con suficiencia. Dado nuestro pasado autoritario uno pensaría que la democracia sería bien valorada. No obstante, no es así. A los encuestados se les pregunta con cuál de las tres frases siguientes está más de acuerdo para medir su adhesión a la democracia: a) "la democracia es preferible a cualquier otra forma de gobierno", b) "en algunas circunstancias, un gobierno autoritario puede ser preferible a uno democrático" y c) "a la gente como uno, nos da lo mismo un régimen democrático que uno no democrático". En nuestro caso, la primera frase logró el apoyo del 37 por ciento de los entrevistados, la segunda el 16 y la tercera el 37, el resto no contestó. Muy lejos de Venezuela, Argentina, Uruguay o Chile donde el apego a la democracia llegó a los siguientes porcentajes: 87, 73, 71 y 63. Quedamos en el último lugar a 19 puntos del promedio latinoamericano (56). Latinobarómetro aplica también otro "reactivo". Pregunta a los encuestados si están de acuerdo con el siguiente enunciado: "La democracia puede tener problemas, pero es el mejor sistema de gobierno". El 66 por ciento de los mexicanos dijo estar de acuerdo. Luego de la anterior, no parece estar mal. Pero somos el penúltimo lugar en la materia, sólo superamos a El Salvador (65) y estamos muy lejos de Venezuela (93), Argentina (90), Uruguay (88) y del promedio de la región (79).

Entre 1995 y 2013, en once países del estudio aumentó el apoyo a la democracia. Pero en siete decreció. Uno de ellos es México: 12 puntos porcentuales menos. Sólo nos supera Costa Rica donde el apoyo disminuyó 16 puntos. Lo cierto es que existe una muy escasa satisfacción con la democracia. En México sólo el 21 por ciento de los encuestados dijo estarlo, superamos, eso sí, a Honduras (18), último lugar; y otra vez estamos muy lejos de los punteros: Uruguay (82), Ecuador (59), Nicaragua (52) y de la media de la región (39). Y la satisfacción sin duda es otra cosa. Distinta a la comprensión de lo que es la democracia y del valor que le asignamos. Quizá la profunda insatisfacción se deba a que el proceso democratizador ha coincidido con una larga etapa de mini crecimiento económico –por no decir estancamiento– que ha hecho que las condiciones materiales de vida de franjas enormes de mexicanos se hayan deteriorado. Porque, en efecto, cualquier fórmula de gobierno es evaluada por los ciudadanos no sólo por la mayor o menor libertad que se pueda ejercer, sino por el mejoramiento o deterioro de las condiciones de vida y los derechos sociales que se puedan o no explotar. Sólo el 10 por ciento de los mexicanos considera que la situación económica del país es buena (el promedio para Latinoamérica es de 25), mientras el 46 cree que es mala o muy mala; y no se requiere ser Einstein para considerar que eso influye –y mucho– en la insatisfacción con la democracia. Quizá lograremos multiplicar las adhesiones a la democracia si somos capaces de revertir esa situación.

COLOFÓN

El fortalecimiento de nuestra incipiente democracia pasa hoy por la necesidad de construir un contexto socioeconómico que la sostenga. La promesa de igualdad que pone en acto la democracia requiere expandirse hasta construir una sociedad en la cual los derechos –de manera subrayada los sociales– sean ejercidos y no sólo proclamados. Una sociedad donde las desigualdades no sean lo abismales que hoy son, una convivencia que permita la edificación de un "nosotros" incluyente, una economía en crecimiento que reparta sus frutos de manera equilibrada, serán, quizá, los mejores soportes para una reproducción medianamente armónica no sólo de la democracia, sino de toda la vida social.

Rolando Cordera Campos, Margarita Flores de la Vega, Mario Luis Fuentes Alcalá (coordinadores), *México social. Regresar a lo fundamental*, Programa Universitario de Estudios de Desarrollo, UNAM, México, 2015.

Poder y desigualdad

L A DESIGUALDAD ES LA MARCA DE MÉXICO. NO HAY UN rasgo del país que lo modele con más fuerza. En todas las áreas gravita y en todas deja su huella. En las condiciones de vida, de salud, en la educación, la vivienda, las oportunidades de desarrollo, en el mundo laboral y cultural, en los circuitos de decisión económica y también en los políticos, la desigualdad está presente y mucho y a gran escala. Sobra decir que por ello no somos una comunidad integrada, sino un rosario de comunidades que viven con recelo y tensión sus relaciones.

El 22 de octubre de 1814 el Congreso de Anáhuac promulgó el *Decreto constitucional para la libertad de la América mexicana*. En medio de la guerra de independencia, puede ser considerado como el trazo constitucional que fijaba la forma de gobierno que remplazaría al orden colonial. Y cuando señalaba los derechos básicos de los ciudadanos establecía que "la felicidad del pueblo y de cada uno de los ciudadanos consiste en el goce de la igualdad, seguridad, propiedad y libertad. La íntegra conservación de estos derechos es el objeto de la institución de los gobiernos [...]".

Doscientos años desde que la aspiración de igualdad se convirtió en norma (cuasi) constitucional y doscientos años en que continúa siendo más una aspiración que una realidad. Ello puede apreciarse con claridad cuando volteamos la vista hacia la dimensión de la discriminación que nos envuelve. En esa dimensión se conjugan con claridad las desigualdades y las relaciones asimétricas de poder.

DISCRIMINACIÓN, DESIGUALDAD, PODER

Discriminamos porque discriminamos. Porque nos parece natural, porque así lo aprendemos de nuestro entorno, porque siempre encontramos un motivo, porque no soportamos las diferencias o porque la existencia de las mismas nos sirve para desplegar nuestro poder. No descubro nada. La discriminación vive con nosotros como muchos otros hábitos. No es algo excéntrico, difícil de documentar o extraño. Por el contrario, impregna las relaciones sociales, las preside, las modela.

Desde los chistes misóginos, las caricaturas de los homosexuales que con tanta eficacia explotan los "cómicos", la "sabiduría popular" enferma de racismo ("no tiene la culpa el indio…"), el grito del "respetable" cada vez que el portero contrario va a despejar, que pasan como fórmulas relajientas y humorísticas, hasta el maltrato a los diferentes, sea por el color de la piel, el estatus social y la extranjería son expresiones de un resorte más que aceitado: el que supone que unos son superiores a otros y por ello tienen el derecho de ofender, marginar o perseguir. Total, discriminamos porque discriminamos.

Ciertamente hay grados. No es lo mismo un chiste que una agresión física, pero todo acto discriminatorio se alimenta de una pulsión:

la supuesta supremacía convertida en desprecio. La prepotencia como fórmula para guardar distancias y fijar jerarquías. Lo que a su vez se nutre de una sociedad profundamente desigual, en donde los individuos se identifican quizá con los de su clase, trabajo, escuela, barrio, familia, pero no con el resto a los que observan con distancia y resquemor. Esas desigualdades impiden la construcción de un "nosotros" incluyente y fomentan una constelación de grupos, grupitos y grupotes segregados del resto. Vivimos envueltos en una red espesa de discriminaciones mutuas.

La discriminación se ejerce de forma inercial, rutinaria. No sacude, no escandaliza. La vemos como algo natural: el tipo que no deja entrar a un joven a un antro por su "facha", el hombre al que se aísla por ser portador de VIH, los desplazados de sus comunidades por motivos religiosos, son apenas ejemplos de la usual discriminación.

Leszek Kolakowski escribía que "nuestro universo mental... está formado de estereotipos [...] [Es decir] generalizaciones casi empíricas que surgen espontáneamente y que, una vez afirmadas en nuestra mente, son casi imposibles de cambiar a la luz de las experiencias subsiguientes". Las mujeres son... Los indígenas son... Los gays son... Los judíos son... Y si a continuación lo que se le ocurre son una serie de adjetivos, está usted generando un estereotipo (bueno o malo es otra cosa). Está convirtiendo grupos humanos masivos y contradictorios, en donde seguramente se encuentra de todo, inteligentes y brutos, audaces y medrosos, trabajadores y flojos, corteses y patanes (y sígale usted), en monolitos simplificados, es decir, estereotipos. Y cuando esos estereotipos son denigratorios estamos frente a un problema mayor. Porque como afirmaba Kolakowski "los estereotipos son indispensables para nuestra seguridad mental [...] y tienden a perpetuarse sin que la experiencia los descalifique". Y escribía algo más: cuando nos enfrentamos a evidencias que contradicen nuestros estereotipos, lo resolvemos por la vía corta de: "bueno, siempre hay excepciones"[10].

Visto así, a lo mejor la escuela y los medios podrían ayudar al combate de los estereotipos de grandes grupos humanos que por serlo no pueden ser reducidos a un listado de calificativos. Insisto de manera necia: suele haber de todo.

No obstante, el núcleo duro de la discriminación se encuentra no en la diversidad étnica, cultural, religiosa, ideológica, sexual, etcétera, *per se*, sino que esa se empalma con demasiada frecuencia con una marcada desigualdad económica y social. Y mientras ésta sea el "caldo de cultivo" en el que nos reproducimos, la diversidad (en teoría venturosa), que coincide con la desigualdad (económica y social), seguirá produciendo el aborrecible fenómeno de la discriminación. La situación de los pueblos indígenas ilustra de manera dramática esa realidad: la diversidad marcada por la desigualdad, empalmada con ella, fundida en un mismo fenómeno se traduce en discriminación, segregación, explotación.

EL MUNDO DEL TRABAJO, LA DESIGUALDAD Y LA ASIMETRÍA DE PODER

Ahora bien, la desigualdad se reproduce a sí misma y solo será revertida con operaciones políticas y económicas conscientes y dirigidas a cumplir con el objetivo de generar equidad. Y quizá el mayor obstáculo para ello es que el mundo del trabajo es un

[10] Leszek Kolakowsky, *Libertad, fortuna, mentira y traición: ensayos sobre la vida cotidiana*, Paidós, 2001.

mundo débil, deficitariamente organizado, disperso. ¿Qué organización y qué poder emergen del mundo del trabajo?

Llama la atención que desde los medios la misma noción de sindicato se haya convertido en una especie de mala palabra –mucho han contribuido no pocas dirigencias sindicales–, mientras que desde el mundo del trabajo contar con un sindicato verdadero es una auténtica aspiración. Veamos.

Según datos del INEGI, organizados por Jaime Ros, para 2011, el 5.2 por ciento de la población económicamente activa se encontraba desocupada, 8.3 subocupada y 28.7 en el empleo informal; lo que representaba el 42.4 por ciento[11]. Quiere decir que franjas enormes de trabajadores potenciales, subocupados o inmersos en la informalidad, se encuentran fuera de las regulaciones de la ley laboral. Para ellos no existen sindicatos ni contratos colectivos ni prestaciones. Viven al margen de las normas gremiales y sus condiciones de trabajo suelen ser inferiores a los mínimos que marca la ley. Para ellos, imagino, la aspiración fundamental sería la de ingresar al mundo laboral formal.

Según Ciro Murayama, a partir de los datos de la Encuesta Nacional de Ocupación y Empleo, para el segundo trimestre de 2012, existían en México 32 millones de trabajadores subordinados, 2.3 millones de empleadores, 11 millones de trabajadores por cuenta propia, 3.1 millones de trabajadores no remunerados. Es decir, 48.4 millones de trabajadores. De los 32 millones de subordinados –que tienen una relación salarial– sólo 16.7 tienen contrato escrito, el 52 por ciento. Es probable que el universo de los trabajadores subordinados sin contrato escrito se encuentre tam-

---

[11] "El reto del empleo y el imperativo del crecimiento", *México frente a la crisis. Hacia un nuevo curso de desarrollo*, UNAM, 2012.

bién por debajo de las condiciones laborales mínimas que fija la ley. Por lo cual su ambición quizá sería arribar a una situación como la que diseña la Ley Federal del Trabajo: contar con un salario remunerador, prestaciones sociales y poder ejercer sus derechos.

¿Cuántos son entonces los trabajadores que se encuentran organizados? ¿Cuántos pertenecen a un sindicato y por ello están en posibilidades de negociar –teóricamente– de manera bilateral las condiciones de su trabajo? Javier Aguilar García nos proporciona información oficial. En el año 2008 de una población económicamente activa de 45.5 millones de personas, solamente 4.69 millones se encontraban sindicalizados, el 10.3 por ciento. De esos, 2.19 millones se encontraban en el sector privado y 2.5 en el público.[12] Se trata de una minoría que a su vez puede subdividirse: aquellos trabajadores que se encuentran "sindicalizados" sin ellos saberlo, porque pertenecen a algún tipo de organización fantasma que firma y vende contratos de protección a las empresas, y aquellos que realmente están afiliados a sindicatos que funcionan como tales. En el primer caso, se trata de una corrupción absoluta de la idea misma de sindicato, de la que se benefician líderes postizos y empresarios inescrupulosos. Son sindicatos de papel, registrados ante las autoridades del trabajo, pero que difícilmente pueden considerarse como agrupaciones en defensa de los intereses de sus agremiados.

En ese mar de desempleados, subempleados, informales, sin contrato, desorganizados y sólo nominalmente sindicalizados, destacan aquellos que cuentan con una organización gremial digna de tal nombre. Se trata quizá de los "privilegiados" del mundo del trabajo, de aquellos que cuentan con estabilidad en el empleo,

[12] *Análisis Político. Tasa de sindicalización en México 2005-2008,* Fundación Friedrich Ebert Stiftung, diciembre, 2010.

salario quincenal amarrado, seguro social o ISSSTE, primas vacacionales, quizá reparto de utilidades y demás prestaciones. Son las ilusiones de quienes no cuentan con chamba o que tienen un empleo precario carente de cualquier tipo de apoyo permanente.

Y entre los realmente sindicalizados vuelve a existir una bifurcación. Aquellos encuadrados en organizaciones sin vida interna, donde la política y la ruta de la asociación la fijan en exclusiva los dirigentes y que además jamás rinden cuentas ni de sus actos ni del dinero que manejan; y aquellos que están afiliados a sindicatos donde existe una mínima (o máxima) participación de las bases de trabajadores. En el primer caso, introducir fórmulas para crear o recuperar los lazos entre dirigentes y dirigidos, para establecer reglas de participación, para hacer que las organizaciones respondan a los intereses de sus miembros, resulta más que pertinente.

Pero como hemos tratado de ilustrar aquí, se trata de una franja minoritaria ya no digamos de los trabajadores en general, sino incluso de los asalariados. Así, esa fuerza potencial se diluye y ello erosiona la eventual presencia de los representantes del trabajo en el circuito formal e informal de toma de decisiones.

Por supuesto algo muy distinto sucede en el universo empresarial. Las grandes corporaciones y las cámaras patronales esas sí son capaces de hacer gravitar y sentir sus intereses y propuestas. Porque a querer o no es la organización la que multiplica el poder de cada quien.

LA PROMESA DE LA DEMOCRACIA

Sabemos que no hay democracia sin elecciones, aunque no basta con que existan elecciones para poder hablar de democracia.

No obstante, vale la pena reparar en el significado de la jornada electoral porque no por ser un ejercicio rutinario deja de tener una profunda relevancia. La jornada electoral es uno de los muy escasos momentos en los que cristaliza la igualdad. Ese día, hombres y mujeres, ricos y pobres, del norte y del sur, trabajadores y empresarios, tienen un voto y sólo uno. Su voluntad es una más que se suma a la de millones de personas que sufragan. Es un momento auténtico de igualdad.

Pero por supuesto, muy pocos nos conformamos con que la igualdad aparezca un día cada tres años y luego se esfume. Lo que quiero subrayar, es que la promesa que porta la democracia es la de la expansión de la igualdad que cristaliza un día y que debe extenderse a los demás campos de la vida social. Porque cuando esto no ocurre las desigualdades también impactan al momento electoral y la calidad de la democracia.

Octubre 2014, México D.F.

La perspectiva de la democracia[13]

H E REPETIDO MUCHAS VECES QUE POR PRUDENCIA ES mejor ser historiador que intentar ser pitonisa. De tal suerte que escudriñar cuál es la perspectiva de la democracia no es sencillo y seguramente tiene una alta dosis de incertidumbre generada por las preocupaciones del momento. Pero el ejercicio puede resultar interesante si ponderamos aquello que tiende a fortalecerla y aquello que tiende a erosionarla en el aprecio de las personas.

Pero antes una breve introducción. Permítanme iniciar con unos apuntes sobre lo sucedido en las elecciones locales de 2017. Porque si bien las elecciones no son sinónimo de democracia, lo cierto es que sin ellas resulta imposible hablar de democracia. Y estamos obligados a inyectar al análisis de las elecciones la dimensión política. Suena obvio, pero pareciera que de pronto se nos olvida lo fundamental: los ciudadanos que acuden a las urnas y votan. Al escuchar y leer a algunos parecería que todo se reduce a un asunto

[13] Leído en el Décimo Diálogo Nacional por un México Social. Democracia, Estado e igualdad: las perspectivas, Facultad de Economía de la UNAM, 18 de octubre de 2017. El texto retoma varios de mis artículos en el diario *Reforma*.

de malas mañas, compra de voluntades, presiones ilegales, ríos de dinero que todo lo inundan, olvidando que el día de los comicios comparecen ante la urna millones de ciudadanos que votan según su muy real saber y entender. No digo que las malas artes no existan, pero no lo explican todo.

1. Antes de los últimos comicios, se habían celebrado, 21 elecciones para renovar gobernadores. Pues bien, en trece estados ganaron las oposiciones (Aguascalientes, Chihuahua, Durango, Guerrero, Michoacán, Nuevo León, Oaxaca, Querétaro, Quintana Roo, Sinaloa, Sonora, Tamaulipas y Veracruz) y en ocho de ellos se mantuvo en el gobierno el mismo partido (Baja California Sur, Campeche, Colima, Hidalgo, Puebla, San Luis, Tlaxcala y Zacatecas). En el 62 por ciento de los casos hubo alternancia y en el 38 continuidad. Estos datos ilustran que no existe un gran titiritero (el gobierno o los gobiernos) y unos títeres (nosotros). El malestar con los gobiernos puede estar explicando ese fenómeno.

2. De las 34 mil 94 casillas que debían colocarse en los estados, todas funcionaron. No es un asunto menor, menos una cuestión rutinaria. Mucho nos dice de las autoridades electorales pero sobre todo de los ciudadanos –insaculados y capacitados– que cumplieron con su tarea. Pese al mal humor público imperante, cientos de miles de vecinos siguen realizando una labor fundamental en el desarrollo de los comicios.

3. La participación no fue mala. En el Estado de México pasó del 46.15 por ciento en 2011 al 52.5 según datos del PREP. Un incremento de más del 6 por ciento. Aunque en Nayarit y Coahuila se mantuvo casi en las mismas cifras que en el pasado, pero por encima de la del Edomex (un poco más del 60 por ciento). No existe un abandono de las urnas, por el contrario.

Legiones de ciudadanos se presentan a la cita y ejercen un derecho fundamental.

4. En los resultados del Estado de México influyeron diferentes variables. Pero no conviene excluir a la política. Todas las encuestas previas al día de la elección indicaban que la mayoría de los ciudadanos deseaban un cambio. Y eso se constató con la votación. El "pequeño detalle" es que las oposiciones fueron cada una por su lado. Esa fragmentación ayudó al PRI, pero también estuvo a punto de favorecer a Morena.

5. En Nayarit, único estado en el que la diferencia fue amplia, sí hubo coaliciones. Por un lado, PAN-PRD-PT y un partido regional), por el otro (PRI-PVEM-Nueva Alianza). Antonio Echevarría de la primera ganó y el margen fue tan amplio que el perdedor aceptó su derrota.

6. En Coahuila, el Conteo Rápido le dio al candidato del PAN y aliados entre el 36.64 y el 39.08 por ciento de los votos y al del PRI y compañía entre el 34.75 y el 37.34. Y dado que los números se empalman fue claro desde el inicio que habría que esperar hasta el conteo oficial. Esa necesidad se incrementó cuando el PREP, que dejó de contabilizar un número muy elevado de actas (más de mil), dio un resultado en el que el abanderado del PRI (38.31) supera al del PAN (36.81). Hubo que esperar al recuento oficial.

7. En Veracruz se precipitó un alud contra el PRI. Perdió 54 alcaldías. De 212 ayuntamientos, 112 fueron ganados por la coalición PAN-PRD, 36 por el PRI-PVEM, 18 por Nueva Alianza y 17 por Morena. Pero si uno se concentra en las 10 ciudades más importantes, la derrota es mayor: PAN-PRD ganaron 5 (Veracruz, Tuxpan, Córdoba, Papantla y Boca del Río), Morena 4 (Xalapa, Coatza-

67

coalcos, Poza Rica y Minatitlán) y el PRI sólo una (Orizaba). ¿Tendrá algo que ver la gestión y la rapiña del gobernador Duarte?

Lo que quiero ilustrar es que el mecanismo electoral está funcionando, pero nadie en su sano juicio puede negar que se reproduce en un ambiente de profundo malestar.

Llaman la atención las profundas convulsiones a las que se encuentra sometida nuestra germinal democracia en comparación con la relativa quietud que acompañó al antiguo régimen heredero de la Revolución Mexicana. Y no creo que sea el autoritarismo que caracterizó al segundo ni la difícil democracia del presente lo que en sí mismo puedan explicar ese contraste. Sería además una "explicación" circular y por ello insuficiente.

Visto en retrospectiva resulta vistosa la estabilidad del régimen de la post revolución. Durante varias y dilatadas décadas destacó en el contexto de América Latina en donde golpes de Estado, intentos por edificar o consolidar democracias y revueltas de diferente tipo inyectaban altas dosis de incertidumbre e inestabilidad.

¿Cuáles fueron los nutrientes de ese consenso (si se quiere pasivo) con los gobiernos que se decían herederos de la lucha armada? Adelanto algunas ideas que no son originales ni mucho menos pretenden ser exhaustivas:

a) Una asentada legitimidad de la llamada ideología de la Revolución Mexicana. Si bien se trató de un ideario vaporoso que cobijó muy distintas y en ocasiones contradictorias políticas, la Revolución (la que destruyó el viejo Estado liberal-oligárquico) mantuvo en buena parte del imaginario público no sólo su carácter de empresa heroica sino capaz de edificar un país más justo.

b) La construcción de un sistema de mediaciones con las grandes organizaciones de masas que permitieron una negociación permanente –si se quiere asimétrica y también subordinada– de los intereses de los grupos representados. Para sus dirigentes promociones políticas y para sus afiliados mejoras paulatinas en sus condiciones de trabajo y de vida.

c) La construcción de instituciones públicas destinadas a atender algunas de las necesidades más sentidas de los trabajadores: desde el Seguro Social hasta el original Departamento de Asuntos Agrarios (sólo como ejemplos), que se dedicaron a procesar y resolver reclamos diversos.

d) Pero sobre todo un crecimiento económico sostenido y alto, que aunque nunca distribuyó sus frutos de manera equitativa, fue capaz de forjar un horizonte en el cual los hijos vivirían mejor que sus padres. Y esa esperanza en buena medida se cumplía.

e) Y si a ello agregamos el contexto latinoamericano aludido al inicio, México aparecía como una sociedad más habitable que sus similares y conexas. (Por supuesto estas notas no pretenden esconder las múltiples luchas, huelgas y revueltas que se llevaron a cabo contra el "orden establecido", pero tratan de captar los trazos más generales de la situación).

Nuestra naciente democracia modificó la fuente de la legitimidad: a través de elecciones, las diferentes ofertas tienen que ganar la adhesión de los ciudadanos. La legitimidad derivada de la Revolución resulta tan remota que no significa nada para la inmensa mayoría de los ciudadanos; el contexto internacional se modificó y el consenso prodemocrático es hegemónico; las organizaciones de los trabajadores, desgastadas por años de subordinación y antidemocracia, difícilmente gravitan en la escena pública, y son los sectores medios –dispersos y diversos– los que pesan más en los circuitos de deliberación pública; muchas de las instituciones siguen funcionando y atendiendo necesidades de diferente tipo, pero se encuentran desgastadas y al ser sectoriales (no universales) dejan sin cobijo a millones de excluidos.

Sin embargo, la nueva legitimidad se ve también erosionada sobre todo por la corrupción (antes, no suficientemente exhibida), el estremecimiento que produce la violencia expansiva y la falta de crecimiento. El proceso democratizador ha sido acompañado de un crecimiento económico insuficiente, incapaz de crear los empleos formales necesarios, fomentando la informalidad, y, lo más devastador, construyendo un horizonte en el cual en infinidad de familias los hijos están destinados a vivir peor que sus padres. Lo cual genera un malestar más que explicable: justo. Y me temo que si esos déficits no se atienden, el aprecio por el nuevo régimen seguirá desgastándose. Máxime que una sociedad cruzada por desigualdades sociales oceánicas, como la mexicana, difícilmente puede edificar eso que la CEPAL llama cohesión social.

Lo que la fortalece

Vamos a las elecciones más grandes de nuestra historia. Un Presidente, 500 diputados federales, 128 senadores, 8 gobernadores y el jefe de gobierno de la Ciudad de México, 27 congresos locales integrados por 983 diputados, y alcaldías en 25 estados con 1,796 cargos (alcaldes, síndicos, regidores, concejales y juntas municipales).

Y nos acercamos en medio de un hartazgo extendido con la vida política, que, como lo alertaba el PNUD desde 2004, se está convirtiendo en un malestar con la democracia, una fragmentación partidista (que al parecer se mitigará con coaliciones electorales varias) que se incrementará con la irrupción de los candidatos independientes y con una legislación electoral cada vez más barroca en la que palpita la extraña ilusión de que todas las variables que concurren en unos comicios pueden ser controladas como si estuviésemos en un laboratorio de química.

El desencanto, sin embargo, puede ser explotado sin ton ni son y corremos el riesgo de no distinguir lo que debemos conservar, defender y reformar de aquello que hay que desterrar. Se escuchan disparos y fuegos artificiales contra toda institución pública, casi por inercia, porque resulta fácil y está bien visto.

Quizá por ello es necesario subrayar dos adquisiciones recientes que han permitido mejorar y hacer más civilizada nuestra vida política y que presidirán los comicios del próximo año. Pasan desapercibidas quizá por obvias, pero no son menores: a) No existe fuerza política, corriente académica, grupo de poder o medio de difusión significativos que no acepte que la única fórmula legítima para arribar a los cargos de gobierno y legislativos es la vía electoral y b) Nadie ganará todo ni perderá todo. Tendremos congresos plurales, ayuntamientos gobernados por distintas expresiones políticas, gobernadores de dulce, chile y manteca y un senado multicolor.

a) Lejos estamos del predominio de la retórica revolucionaria como fuente de legitimidad. Por ejemplo: Fidel Velázquez declaraba, sin rubor −cito de memoria−, que lo que obtuvieron por las armas no lo iban a ceder por el insípido método electoral; o, ciertas franjas relevantes de la izquierda ensoñaban una revolución que, según ellas, despuntaba en el porvenir. Esto sucedía hace apenas 40 años y menos. No obstante, México, y sus fuerzas políticas fundamentales, a querer o no, transitaron de los discursos "revolucionarios" en los cuales, quienes se autoproclamaban como tales negaban legitimidad a la existencia de sus adversarios, a fórmulas oratorias y de convivencia en las cuales, por necesidad o por virtud, reconocen que no se encuentran solos en el escenario y que la diversidad de opciones políticas llegó para quedarse.

b) Hasta bien entrados los años ochenta el mundo de la representación seguía siendo monocolor. Una sola fuerza política –con excepciones de poca monta– habitaba ese mundo. Hoy, es un universo en el que convive y compite la diversidad política. No obstante, lo que está en juego –3 mil 416 cargos públicos– suele opacarse porque la presidencia solo será para uno, y nuestra cultura "presidencialista" suele no ver el bosque sino solamente ese árbol (que sobra decir sigue siendo el más relevante). El pluralismo equilibrado que se reproduce entre nosotros desterró hace un buen rato la noción de partido hegemónico y lo más seguro es que mientras unos ganen la presidencia otros triunfarán en algunas gubernaturas y unos terceros en otras. Habrá congresos sin mayoría absoluta y otros donde esa mayoría será de distintos colores, para no hablar del mapa de la representación en las alcaldías. Eso debería contemplarse como una buena noticia no sólo porque dejamos atrás a los "nacidos para ganar y los condenados a perder", sino porque genera contrapesos institucionales y podría incluso servir como amortiguador de la contienda presidencial.

Lo que se encontrará en juego es un nuevo reparto del poder político, que por supuesto no se encuentra única y exclusivamente en la presidencia.

Las condiciones de la competencia se han equilibrado como nunca antes en la historia del país. Primero se abrió la puerta para que las corrientes político-ideológicas a las que se mantenía segregadas del mundo electoral pudieran ingresar, al tiempo que se inyectaba un cierto pluralismo a la Cámara de Diputados (1977), luego se edificaron las instituciones que debían garantizar imparcialidad y certeza en las elecciones (1989-90) y al final se tomaron medidas para construir condiciones de la competencia equitativas (1996). Los legisladores utilizaron dos palancas poderosas: dinero público suficiente para los partidos y acceso a los medios de comunicación de manera equilibrada. Con ello el marco electoral fue reformado de principio a fin. Y los contendientes aparecieron en la escena como maquinarias poderosas capaces de disputar entre sí: por ello los fenómenos de alternancia, los congresos equilibrados, la coexistencia de gobernadores con presidentes municipales de distintos partidos. En 2017 los partidos recibirán 8 mil 500 millones de pesos de recursos federales y locales y tendrán derecho, en conjunto, a 10.7 millones de spots. No son pues "jugadores" anémicos.

Ese piso robusto de equidad, sin embargo, puede ser erosionado –no destruido– por conductas ilícitas.

1. Desvío de recursos. Si un funcionario público desvía recursos para las campañas debe ser sancionado. No hay excusa ni pretexto. Los recursos humanos, materiales y financieros que tiene bajo su administración deben ser utilizados para los fines que persigue la institución y cualquier desvío constituye un delito. No se ha inventado mejor método para atajar esos ilícitos que la cárcel y la recuperación de los recursos mal utilizados. No se trata sólo de un asunto electoral. Y todos los días conocemos de ese tipo de ilícitos que deben ser perseguidos por las procuradurías y si se trata de la materia electoral por la FEPADE y en su vertiente administrativa por el INE.

2. Compra y coacción. El "caldo de cultivo" de esa práctica es la profunda desigualdad que modela al país. Las necesidades apremiantes de muchas personas pueden construir relaciones asimétricas en las que por algunas dádivas se intercambien votos. No obstante, existen poderosos mecanismos para nulificar la compra: el votante ejerce su derecho en soledad, se vota en un espacio circunscrito por una mampara que sólo permite el ingreso de una persona a la vez, de tal suerte que como publicitó Andrés Manuel López Obrador, se pueden recibir "los obsequios" y luego votar en libertad. Lo cierto es que una vez que los votos son depositados nadie puede distinguir entre sufragios auténticos y comprados. Por ello es menester atajar y sancionar ese ilícito antes o durante la jornada electoral. Pero mientras México siga siendo un país marcado por oceánicas desigualdades, donde millones vivan con carencias materiales extremas, el campo estará sembrado para que los candidatos –de todos los colores– intenten ganarse la voluntad de muchos con "regalos".

3. La legislación electoral mexicana no solo estableció una base de equidad, quiso además construir un "techo". Los contendientes no pueden gastar más allá de una cantidad establecida. Y a partir de 2014 sobrepasar el límite de gasto, si la diferencia entre el primero y el segundo lugar es menor del 5 por ciento, es causal de nulidad de la elección. El legislador quería mandar una señal fuerte: si se traspasa el tope la elección no es válida. Y si durante el proceso de fiscalización se demuestra que eso sucedió la elección debe anularse. Sin embargo, esa causal puede activarse para impugnar simplemente porque no se obtuvo el resultado esperado. Hay que recordar que la fiscalización de todas las campañas (federales y locales) debe ser desahogada por el INE en un tiempo perentorio. Y el problema

mayor –creo– es que el punto de partida son los informes que presentan los propios partidos (no puede ser de otra manera) y que si los candidatos o los partidos manejan recursos por vías paralelas privadas, el rastreo de los mismos no es tarea sencilla. Suele olvidarse que antes de la última reforma el sistema descentralizado dejaba en manos de los institutos locales esa tarea.

A pesar de todo, el poder de atracción de las elecciones sigue gravitando. Fuerzas y grupos que antes le daban la espalda han anunciado que ahora participarán y esas para mí son buenas noticias.

El Congreso Nacional Indígena (CNI) y el EZLN postularán a una mujer indígena para la presidencia de la República. Se trata de una iniciativa que ofrecerá visibilidad pública a la situación y las reivindicaciones de las comunidades indígenas, que pondrá en el centro de la atención una agenda opacada y que puede multiplicar el peso político del mundo indígena. Si mal no entiendo, ahora, y a diferencia de "la Otra Campaña" (2006) que básicamente fue solo testimonial, intentarán que su candidata sea registrada como tal y aparezca en las boletas. No deja de ser relevante que el CNI y el EZLN intenten explotar de manera legítima las posibilidades que abre el llamado orden institucional. Es una ruta compleja, tortuosa, pero quizá más productiva que la del autoaislamiento.

La iniciativa, eventualmente podría ser incluso más fructífera, si se animaran a acompañar a la abanderada presidencial con otras candidaturas (digamos) a gobiernos estatales, municipales, a las Cámaras del Congreso federal y los congresos locales. Porque en algunas regiones del país posiblemente podrían obtener resultados nada despreciables que les permitieran estar al frente de gobiernos o en los circuitos legislativos tanto locales como nacionales.

Algo similar puede decirse de la multiplicación de candidatos independientes. Se trata de una vía que intentará ser explotada por ciudadanos que hasta ahora no encontraban forma para convertirse en candidatos y para políticos partidistas que no fueron arropados por sus respectivas agrupaciones. Lo que quiero subrayar es que por motivos diversos el imán electoral sigue atrayendo voluntades y eso por lo que se mencionaba antes: no hay fuerza política medianamente significativa que no afirme que la única vía legítima para llegar a los gobiernos y los congresos es la electoral.

LO QUE LA DEBILITA

No existe un solo nutriente del malestar. Tampoco pretendo enumerarlos todos. Pero los siguientes, creo que resultan ineludibles.

Corrupción. Quizá no exista un disolvente más poderoso de la confianza en las instituciones que la corrupción. Cuando se desvían recursos para beneficio personal, se demandan "moches" para autorizar una obra o realizar una compra, cuando se utiliza la infraestructura material y humana para fines diferentes a los programados, además de cometerse delitos claramente tipificados, se inyecta una dosis importante de incredulidad en los organismos públicos.

Cierto, la corrupción no se encuentra sólo en las instituciones estatales. En el ámbito privado y social se pueden documentar infinidad de casos y en muchas ocasiones la corrupción estatal está anudada a la de grandes o medianas empresas. Pero el efecto corrosivo de la corrupción en las entidades públicas, sumada a la impunidad, genera un malestar y una irritación que erosionan un valor fundamental: la confianza. Si no se le combate, solo se robustece el cinismo y la desvergüenza.

El proceso democratizador que vivió el país hace más visible esa peste. Los partidos se denuncian unos a otros; el acceso a la información pública –antes manejada como si fuera privada– permite la detección de anomalías de diverso tipo y magnitud; los medios, antes atados a la dinámica oficial (con sus siempre meritorias excepciones), ejercen su facultad de indagar y denunciar raterías sin fin; y grupos de la sociedad civil, atentos y preocupados, ponen el dedo en llagas purulentas. Esa mayor visibilidad va acompañada de una menor tolerancia social hacia la corrupción. Y qué bueno que así sea.

La exposición de pillerías desata en sí misma una especie de sanción pública moral. Quienes son exhibidos sufren una merma en su prestigio, credibilidad y confianza. Si bien en algunos casos los llamados juicios mediáticos pueden resultar injustos y el inculpado tiene escasos medios para defenderse (de ahí la importancia de fortalecer el derecho de réplica), lo cierto es que la publicidad de los actos de corrupción resulta un eslabón pertinente si se quiere revertir esa penosa situación. La utilización política de los casos es otra palanca eficiente. Los fenómenos de corrupción son manejados como una poderosa arma de descalificación del adversario cuando el partido A acusa al partido B o cuando el candidato X demanda castigo para el candidato Z por sus malos manejos.

Pero ni la exhibición pública de la corrupción ni su utilización como arcabuz político son suficientes. Se requiere y reclama –con justicia– que los culpables sean sancionados tanto por la vía administrativa como por la penal y que se intente recuperar para el erario público los bienes y dineros mal habidos. Ese contexto de exigencia, construido a fuerza de casos que quedaron impunes y de la documentación de desvíos multimillonarios de recursos, fue el que activó la iniciativa para crear un Sistema Nacional Anticorrupción.

DEMAGOGIA E IDENTIDADES CADA VEZ MÁS DÉBILES

1. El primer y quizá más relevante recurso de la política es la palabra. El instrumento con el cual el político entra en contacto con su auditorio, la fórmula para generar empatía y en los mejores casos, para develar los problemas, analizarlos, ofrecer soluciones. El discurso tiene usos múltiples pero resulta insustituible en una actividad en la cual hay que buscar el apoyo de los ciudadanos que eventualmente pueden otorgar el triunfo o la más desconsoladora derrota.

Por ello mismo, para Platón –nos explica Valentina Pazé[14]– demagogia y democracia eran una y la misma cosa. No una posible degeneración de la segunda, sino su cara natural. Dado que los representantes requieren ganar el aprecio de los representados, "tienen que adivinar los gustos y los deseos de las masas". No conviene contradecirlas, por el contrario, hay que darles por su lado. El orador "lo único que enseña es precisamente las opiniones de la masa misma, que son expresadas cuando se reúnen colectivamente, y es esto lo que llaman saber". Se trata de explotar el mínimo común denominador del auditorio, de simplificar, de acuñar frases pegajosas y fórmulas que resulten apetitosas para los medios. Cualquier razonamiento medianamente complejo difícilmente impactará al respetable. Si se quiere ser aclamado es necesario "descender" al nivel de los más. No obstante, que la

---

[14] "La demagogia, ayer y hoy", *Andamios. Revista de investigación social,* núm. 30, enero-abril 2016.

política –la buena– puede servir para develar los problemas, discutirlos y eventualmente forjar soluciones. Ese es el sentido profundo de la política democrática y quiero pensar que se puede recuperar.

2. Las grandes construcciones ideológicas están en desuso. En el pasado forjaron historias y leyendas, identidades, ofrecieron sentido a la política, una narración del pasado y un porvenir por edificar. Comunistas, socialdemócratas, liberales, democratacristianos, conservadores, fraguaron casas distintas y en su interacción y lucha modelaron la política y brindaron un sentido de pertenencia a sus seguidores. Hoy, son referentes lejanos y ajenos para la mayoría.

Los programas también brillan por su ausencia. A lo más se anuncian buenas intenciones que suelen ser compartidas por todos: "más y mejor educación; salud pronta y expedita; justicia universal; combate a la corrupción" y por ahí. No son suficientes para diferenciar a los adversarios porque lo que repiten son metas compartidas y no rutas para llegar a ellas.

El recurso entonces para lograr crecer en las preferencias del público –se cree– es la descalificación del adversario. Y puesto que las ideas parecen no conmover a (casi) nadie, lo óptimo, se piensa, es sacar los trapitos del enemigo al sol. "El nuevo tipo de política, basada no en los principios sino en los individuos y su popularidad, está configurada por el escándalo [...] Lo fundamental se volvió destruir la legitimidad de los contrincantes. El escándalo (sexual, de corrupción, etcétera) es el mecanismo más eficaz porque permite arruinar la reputación del individuo de golpe [...]", nos dice Luciano Concheiro[15].

[15] *Contra el tiempo. Filosofía práctica del instante*, Anagrama, 2016.

3. Bajo el supuesto de que se encuentran en un juego de suma cero, los partidos creen que la descalificación del contrario redunda en su propio beneficio. Lo que gana uno lo pierde el otro, piensan y se regocijan. No les cabe en la cabeza que están bajo un formato en el que todos pierden a los ojos del público. Los "ganadores" recogen despojos.

Total, demagogia, escándalos y descalificaciones mutuas arman una bonita espiral destructiva.

DESIGUALDAD, CARENCIA DE CRECIMIENTO ECONÓMICO

Los retos del México de hoy son de una profundidad tal que solo asumiéndolos y procesándolos en conjunto –a través de la buena política, que supone la deliberación pública– podremos intentar salirles al paso.

Dígase lo que se diga hemos avanzado en términos democráticos. Las elecciones competidas, el equilibrio de poderes constitucionales, el ejercicio de las libertades, los fenómenos de alternancia, están ahí y bastaría recordar lo que sucedía en México hace 40 o 30 años para constatarlo. Pero ese mismo proceso, al desmontar el orden autoritario, cuya cúspide la constituía el Presidente de la República, amplió los márgenes de libertad de muchos actores (gobernadores, grandes empresarios, iglesias, medios de comunicación, etcétera) y generó huecos y nuevos espacios de los que se han apropiado (de manera legítima o ilegítima) diferentes fuerzas sociales e incluso bandas delincuenciales, lo que multiplica los grados de complejidad de la gestión gubernamental. Los avances en términos de libertades, coexistencia del pluralismo, autonomía de los poderes y demás, es necesario apuntalarlos.

Pero no será posible si no abrimos el campo de visión y nos avocamos a reformar aquello que está debilitando el aprecio por los instrumentos que hacen posible la democracia.

Lo que se encuentra a flor de piel es la corrupción sin sanción (ya nos referimos a ello) y la espiral de violencia que ha trastocado y trastoca la vida de millones. Nada lastima más la convivencia social que la espiral de violencia que va dejando una cauda de muertos, desaparecidos, torturados, familias quebradas y ansias de venganza. Para frenar la violencia se requiere combatir a las bandas criminales sin que las instituciones del Estado vulneren y violen los derechos humanos.

Pero en una capa más profunda, sin la misma visibilidad pública, se encuentra el "caldo de cultivo" que alimenta las patologías sociales y que no es otro que el de una sociedad escindida. El centro de la política debería ser un horizonte que paulatinamente fuera diluyendo las abismales desigualdades que cruzan al país, sacando de la pobreza a los millones de mexicanos que por ese solo hecho no pueden ejercer a plenitud sus derechos. Y para ello se requiere una política económica que más allá de preocuparse por la estabilidad financiera y la inflación ponga en el centro lo que tensa y escinde al país: la oceánica desigualad. "De no ser así –dice Rolando Cordera– la legitimidad que la democracia le confiere al Estado tenderá a ser corroída por demandas sociales crecientes pero sin concierto [...]"[16]. Porque un país polarizado socialmente no es terreno fértil para la reproducción de relaciones democráticas. Hay que construir –sí, construir, porque no será un fruto inercial del tiempo– lo que la CEPAL llama cohesión social, un sentido de per-

[16] "Otra vuelta de tuerca", *Voz y voto,* núm. 291, mayo 2017.

tenencia a una comunidad nacional que sólo se logra si los frutos del esfuerzo colectivo se distribuyen de manera equilibrada.

Quizá la salida del laberinto requiera generar un horizonte y ese debe ser el del crecimiento económico con redistribución equitativa junto con el combate a la corrupción y la búsqueda de seguridad para todos en un marco de respeto irrestricto a los derechos humanos. Qué fácil se escribe. Qué difícil y monumental tarea.

OTEANDO EL FUTURO

¿Liberalismo o populismo? Esa fue la pregunta que presidió los trabajos de la 80 Convención Bancaria. Me temo que no sólo se trata de una opción maniquea sino impermeable a lo que sucede en nuestro país (y en buena parte de América Latina).

El liberalismo –que por supuesto no es uno, sino muchos– ha intentado a lo largo de la historia preservar un área de autonomía de los ciudadanos en relación a las instituciones estatales y al mismo tiempo ha buscado que los poderes públicos se encuentren regulados, fragmentados, vigilados y que sus decisiones puedan ser recurridas ante el Poder Judicial que debe ser autónomo. La pulsión que pone en acto al liberalismo es el temor a un poder estatal invasivo que coarte las libertades individuales y/o que concentrado se convierta en arbitrario, incontestado, absoluto.

Buena parte de lo construido en México en los últimos años en materia política, se ha realizado bajo el influjo positivo de esa corriente en convergencia con otras. La reivindicación del voto libre, secreto y respetado, la creación de instituciones estatales autónomas, el fortalecimiento de la división de poderes, la judicialización de no pocos diferendos políticos, han tenido la impronta del liberalismo. Y en buena hora. Por supuesto las nuevas realidades no pueden explicarse solamente por el impacto de las ideas, lo que en el fondo cambió fue la correlación de fuerzas en el Estado y en la sociedad. El equilibrio de poderes, la necesidad de activar a la Corte para resolver conflictos entre los mismos, los fenómenos de coexistencia de representantes de diversos partidos en el espacio estatal, son el resultado del tránsito de un sistema de partido "casi único" (como lo bautizó un ex presidente) a un sistema de partidos más o menos equilibrado. Pero la preocupación por regular, dividir y fiscalizar a los poderes públicos sin duda tiene una fuente en el pensamiento liberal-democrático.

En contraste, el populismo –que también asume muchas expresiones– no tiene demasiado aprecio por las construcciones liberal-democráticas. Asumiendo que el pueblo es uno, tiende a construir una representación personalísima del mismo. Ese pueblo sin fisuras, concebido como un bloque monolítico, no requiere de un complejo sistema de mediaciones para expresarse. Por el contrario, el pueblo y su liderazgo son una y la misma cosa y el laberinto democrático suele ser contemplado como una barrera innecesaria para la manifestación de las aspiraciones populares. Al líder populista le atrae y alimenta la relación directa con el pueblo. Le gusta la plaza no el Congreso. Tiende a despreciar o minusvaluar las Cámaras donde se expresa el pluralismo, no soporta que se le contradiga o impugne ante el Poder Judicial, las instituciones que le hacen contrapeso son vistas como enemigas.

Pero el populismo –por lo menos en América Latina– suele poner en el centro de sus preocupaciones las carencias populares, las desigualdades sociales, las necesidades no atendidas de amplísimas capas de la población. De ahí su éxito y de ahí su poder de atracción. No se trata solamente de una retórica y una práctica que flote en el aire, sino de una política que genera empatía entre millones de personas que se sienten –y con razón– excluidas, maltratadas, olvidadas.

Lo malo y limitado de la pregunta que presidió la Convención Bancaria es que parece que no existen más que dos sopas. Y ese problema de diagnóstico lo que construye es un callejón con dos salidas falsas, aunque sería mejor decir, dos salidas insatisfactorias. México requiere apuntalar, fortalecer y ampliar muchos de los logros que han edificado una germinal democracia. Pero si a esa agenda no se le agrega la llamada cuestión social, mucho de lo alcanzado se puede reblandecer (de hecho eso ya está sucediendo).

Es decir: a la agenda liberal-democrática es necesario sumar una agenda socialdemócrata. Que junto a la división de poderes, el Estado de derecho, las libertades individuales, aparezcan con fuerza y en el centro de las políticas los temas del empleo, los salarios, la cobertura universal de salud, la vivienda y por ahí. Una agenda que no solo amplíe y fortalezca las libertades, sino que construya un mínimo de cohesión social.

Ahora digamos lo mismo como si se tratara de una obra de teatro.

Primer acto. La ola democrática. Una conflictividad creciente en los años setenta mostró que la diversidad política e ideológica del país no cabía ni quería hacerlo bajo el manto de un solo partido, una sola ideología, una sola voz. Las últimas décadas del siglo pasado fueron las de un potente reclamo democrático que se expresó en movilizaciones, huelgas de hambre, apremios en materia electoral, creación de agrupaciones civiles que demandaban el respeto al voto, robustecimiento de los nuevos y viejos partidos, elecciones cada vez más competidas y seis reformas electorales sucesivas que acabaron por desmontar el añejo régimen mono-partidista y abrieron paso a un sistema plural de partidos, más o menos equilibrado, altamente competitivo y que cristalizó en congresos plurales, fenómenos de alternancia, coexistencia de la diversidad en las instituciones representativas.

La democracia se entendía como un fin en sí mismo que permitiría la convivencia y la competencia institucional y pacífica de la diversidad política, y como un medio para lograr que muchos de los rezagos y las contrahechuras de nuestra vida política y social fueran atendidos. No fue casual entonces que partidos de diferente orientación y organizaciones sociales diversas, académicos y periodistas, individuos y funcionarios estatales, contribuyeran a desmontar la fórmula autoritaria de gobierno para abrirle paso a una germinal democracia. Bastaría comparar el mapa de la representación política de los años ochenta y el actual para constatar que el primer acto encontró una desembocadura digna de ser apreciada.

Segundo acto. La ola liberal. La colonización de las instituciones estatales por la pluralidad política tendió a equilibrar a los poderes públicos. Partidos competitivos y sus triunfos electorales hicieron que el Presidente de la República estuviese obligado a convivir con un Congreso en el que él y su partido no tenían mayoría y algo similar sucedió en los estados. Los crecientes márgenes de libertad de los medios –acicates y beneficiarios del proceso democratizador– han servido para vigilar de mejor manera el ejercicio del poder. Y junto a ello se desató un potente reclamo por acotar, vigilar, denunciar y corregir el funcionamiento de las instituciones públicas. La discrecionalidad, la opacidad y la corrupción han puesto en acto un extendido clamor cuyos logros van desde reformas normativas (ejemplos: la Ley de acceso a la información pública o la creación de un Sistema Nacional Anticorrupción) hasta el surgimiento y fortalecimiento de organizaciones civiles que denuncian los excesos del poder, reclaman la vigencia de sus derechos u ofrecen visibilidad a los reiterados actos de corrupción.

Es una ola que lleva varios lustros, cuyos objetivos no se han cumplido del todo, por lo cual continúa y tiene por objeto terminar con los poderes públicos caprichosos, abusivos y en algunos casos viciados. Se trata de un movimiento que intenta y logra expandir las libertades individuales, que desea protegerlas de la acción impertinente del Estado y que busca que las instituciones se comporten conforme a derecho. No obstante, quizá como una derivación no deseada (¿o sí?), al colocar en el centro de visión a las instituciones públicas se ha aceitado un resorte elemental que de manera inercial y reduccionista ve en éstas el manantial de todos los males. Un filtro incapaz de calibrar la profundidad de los problemas y las dificultades reales para su solución, que se regodea con una cantaleta simple y pegajosa que más o menos dice así: "todo es culpa de políticos tontos, ineficientes y corruptos" (que los hay en abundancia).

Tercer acto. La ola social. Por escribir. Los logros en código liberal-democrático están a la vista y los faltantes también. Pero el tercer acto ni siquiera ha empezado. Y para ello debemos activar a las instituciones públicas. La pobreza inamovible, la desigualdad social que escinde al país, la exclusión en el ejercicio de los derechos y los salarios mínimos pírricos son temas que reclaman de políticas para revertirlos si es que queremos, como lo ha planteado la CEPAL, construir un mínimo de cohesión social. Porque me temo que si no lo hacemos, lo poco o mucho de lo edificado en los dos primeros actos, puede reblandecerse.

Configuraciones, núm. 45, septiembre-diciembre 2017.

Liberalismo e izquierda

A<small>L ENTERARME, EN</small> 2009, <small>DE LA MUERTE DE</small> L<small>ESZEK</small>
Kolakowski, escribí[17]:
Kolakowski fue un severo y certero crítico de los mal
llamados "socialismos realmente existentes". A la pregunta "¿Qué
es el socialismo?", como lo recordaba Jesús Silva-Herzog Már-
quez, no sin una gracia triste contestó subrayando lo que no era:
"El socialismo no es [...] un Estado que desea que todos sus ciudadanos tengan la misma opinión en filosofía, política extranjera,
economía, literatura y moral; un Estado cuyos ciudadanos no pueden leer las más grandes obras de la literatura contemporánea [...];
un Estado en el cual los resultados de las elecciones siempre son
predecibles; un Estado que posee colonias en el extranjero; una
nación que oprime a otra nación [...]; un Estado que distingue difícilmente una revolución social y una invasión armada [...]; una sociedad de castas [...]". La lista que enumeraba buena parte de las
características de la Unión Soviética y de los países que giraban
en su órbita era mucho más extensa, pero terminaba con un giro

---

[17] "Kolakowski: una lectura", *Reforma,* 23 de julio de 2009.

irónico: hasta aquí, decía Kolakowski, enumeré lo que el socialismo no es. ¿Pero qué sí es? "Una cosa muy buena" se contestaba[18].

El ingenioso juego de Kolakowski era útil para develar el carácter profundamente autoritario de la URSS y los países del Pacto de Varsovia, pero también para contraponer la realidad del "socialismo" al ideal del socialismo. No creía que la situación de los países del este europeo y la URSS pudiera explicarse sin la fuerza de las ideas marxistas, pero tampoco sólo por ellas. "El comunismo no es ni el 'marxismo en acto' ni una simple negación del marxismo." Reconocía que entre las intenciones de Marx y los resultados prácticos de quienes decían aplicarla había una marcada diferencia, pero esa constatación le resultaba "fácil y estéril"[19].

Creo que la principal crítica de Kolakowski al marxismo (y en menor medida a Marx), como a cualquier otra ideología con pretensiones omniabarcantes, era la de responder a una sola pulsión, a una sola lógica, que al no mezclarse y conjugarse con otras necesidades y fórmulas de entendimiento de la realidad derivaba forzosamente en un dogma insensible a la complejidad de las relaciones humanas.

Recuerdo haber leído una entrevista con él –que no puedo recuperar– en la cual se definía como un socialista en la economía, un liberal en la política y un conservador en el terreno cultural. Resultaba provocador, aunque sería difícil estar de acuerdo dado el deslinde tan radical entre distintas "esferas" de la vida, que sólo en términos analíticos puede hacerse. Lo que era sugerente era el intento de conjugar tradiciones disímiles y encontradas.

[18] "¿Qué es el socialismo?", *Vuelta,* núm. 108, noviembre 1985, p. 61.
[19] "Filosofía marxista y realidad nacional", *Vuelta,* núm. 50, enero 1981, p. 4.

En "Cómo ser un conservador-liberal-socialista" intentaba aprender lo fundamental de esas poderosas corrientes ideológicas, para eventualmente (lo decía en broma, por sí algún lector anda distraído) construir una Internacional, cuyo lema sería el de algunos choferes de tranvía en Varsovia: "Avanzando hacia atrás, por favor"[20].

Del pensamiento conservador rescataba 1) la noción de que los valores de la modernidad no podían tener vigencia plena y absoluta. "Las cosas buenas se estorban o se cancelan unas a otras [...] La existencia de una sociedad sin libertad ni igualdad es perfectamente posible; no lo es, en cambio, la de un orden social que combine de modo absoluto la igualdad y la libertad, la planeación y el principio de autonomía." 2) La función que juegan algunas instituciones tradicionales ("la familia, la nación, las comunidades religiosas") para hacer "más tolerable la vida". "No hay bases para creer que al destruir estas formas [...] mejoramos nuestras posibilidades de dicha, paz, seguridad o libertad." 3) La sana duda de que seamos capaces de desterrar las pulsiones negativas de los hombres, para substituirlas por "la hermandad, el amor y el altruismo".

De las corrientes liberales salvaba 1) la necesidad de contener al Estado para que no avasalle la libertad de los ciudadanos, 2) el reclamo para mantener vivas las iniciativas individuales y 3) la aspiración de que no sean abolidas todas las formas de la competencia, fuente de "creatividad y progreso".

Y del pensamiento socialista aplaudía 1) la pretensión de "limitar la libertad económica a favor de la seguridad y evitar que el di-

---

[20] *La modernidad siempre a prueba,* traducción Juan Almela, Vuelta, México, 1990. pp. 299-302.

nero produzca, automáticamente, más dinero", 2) la crítica a todas las formas de desigualdad y 3) la intervención sobre la economía de tal suerte que se atemperen las desigualdades. "Debe afirmarse la tendencia a sujetar a la economía mediante controles sociales, ejercidos, ciertamente, en un contexto de democracia representativa."

En suma, Kolakowski creía (y con razón) que aferrarse a una sola estela de pensamiento invariablemente conducía a la ortodoxia. Y que ésta siempre terminaba generando visiones unidimensionales e inclementes.

DAHRENDORF

Antes, a propósito de un libro de Ralph Dahrendorf, en el mismo diario había escrito la siguiente nota[21].

En 1995, luego del "fin del imperio soviético" y en medio de "grandes esperanzas y temores", el profesor Ralf Dahrendorf, se preguntaba. "¿Cómo compatibilizar en las sociedades libres la prosperidad económica creciente con la necesaria cohesión social?"[22]. No era ni es una pregunta retórica, porque en torno a esos valores –crecimiento, igualad, libertad– puede construirse un consenso amplio, no obstante, su conjugación no resulta sencilla, de ahí que el filósofo y sociólogo alemán hablara de la exigencia de una "cuadratura del círculo", porque esa articulación "no se puede dar con entera satisfacción".

Él llamaba a voltear los ojos hacia el llamado Primer Mundo, a sociedades que habían logrado edificar "tres virtudes sociales", a

[21] "La cuadratura del círculo", *Reforma*, 18 de octubre de 2007.
[22] *El recomienzo de la historia. De la caída del muro a la guerra de Irak*, Katz Editores, Buenos Aires, 2007.

saber: a) economías orientadas al crecimiento "que posibilitaban una vida decente para muchos" y "que abrían oportunidades para aquellos que todavía no vivían bien", b) "sociedades que habían dado el paso de las relaciones estamentales a las contractuales, de la dependencia inconsulta al individualismo interrogador, sin por eso destruir las comunidades en las que vivían seres humanos" y c) "órdenes políticos que combinaban el respeto por el imperio de la ley con las oportunidades de participación política, de rechazar o aceptar gobiernos en elecciones, que nos hemos habituado a denominar democracias".

Dahrendorf no pintaba un cuadro idílico porque reconocía "falencias": hubo y hay excluidos de los beneficios, se construyó un mundo más desigual donde "los privilegios de algunos perjudican por su naturaleza los derechos civiles de otros", y al parecer, los propios países europeos tienen problemas para mantener equilibradas las pretensiones de prosperidad, cohesión social y libertades. Se trata de políticas que se encuentran en perpetua tensión y que no se retroalimentan de manera armónica y natural. Por el contrario, cuando se refuerza sólo a alguna de ellas se debilitan las otras. A pesar de ello –insistía– es necesario esforzarse en crear y reproducir ese "círculo" virtuoso, y alertaba sobre las tentaciones de optar por sólo dos de los pilares que lo sostienen. "Singapur, por ejemplo, tiene crecimiento y solidaridad (organizada) pero no libertad política", mientras en Estados Unidos "el crecimiento es elevado y el orden político liberal, pero la cohesión social deja mucho que desear".

De cara a lo anterior, ¿cómo observar lo que sucede en nuestro país? Hemos vivido avances más que relevantes en el terreno de la política al desmontar una pirámide autoritaria y edificar relaciones y mecanismos democráticos, pero en las otras dos áreas los déficits están a la vista: la economía no crece con suficiencia y por ello no se generan oportunidades para un océano de excluidos, y la cohesión social tiende a ser débil generando un archipiélago de grupos que tienen escasos puentes de comunicación entre ellos.

El precario crecimiento está documentado. Entre 1982 y 2006 el PIB *per cápita* creció al 0.6 por ciento anual, mientras entre 1940 y 1981 lo hizo al 3.1. Ello ha generado dos fenómenos que tiñen la vida social: el incremento de la economía informal y un flujo migratorio creciente hacia los Estados Unidos. La informalidad no es sólo una forma "imperfecta" de acceso al mercado, sino un expediente de exclusión de un buen número de los beneficios que se derivan del "mundo formal", una zona donde difícilmente los ciudadanos pueden ejercer sus derechos, un ambiente escindido del resto (o el resto escindido de la informalidad, que para el caso es lo mismo), que acaba configurando mundos separados y simultáneos. Y la migración masiva y creciente es el mejor ejemplo del fracaso de una economía que no genera lugar para millones de personas que encuentran en el país del norte una mejor oportunidad laboral y de vida.

La cohesión social, por su parte, es débil, y se expresa en una ciudadanía altamente estratificada en el ejercicio de sus derechos y en una sociedad civil contrahecha y polarizada. Si nominalmente todos somos ciudadanos, en la práctica hay quienes pueden desplegar el conjunto de sus derechos (civiles, políticos y sociales), y quienes solamente ejercen alguno o ninguno de ellos. Ello configura una sociedad (casi) estamental en donde la existencia transcurre con muy diversos grados de apropiación de derechos lo cual impacta de manera negativa a la multicitada cohesión social.

Por otro lado, la sociedad civil, es decir, la sociedad organizada por sí misma, es débil (existe un déficit organizativo), en buena medida expresión de nuestras desigualdades (los más fuertes están mejor organizados) y muy polarizada. Esa trama social en la que se viven y se han vivido experiencias venturosas (piénsese en la emergencia de un sinnúmero de asociaciones de mujeres, juveniles, de defensa de los derechos humanos, ecologistas, gays, etcétera), es aún precaria y atomizada.

Así, en medio de una economía que marcha a paso de tortuga y envuelta en una sociedad endeble, polarizada y más que desigual, tiene que reproducirse nuestra germinal democracia y el nuevo clima de libertades. Y no resulta fácil. Porque a ello hay que sumar los problemas que se derivan de manera natural de la colonización del Estado por una pluralidad política activa educada en la época del verticalismo excluyente. No obstante, para volver a Dahrendorf, estamos obligados a generar prosperidad económica, construyendo cohesión social y preservando las libertades políticas. O si se quiere, a la inversa. Que de todas formas no es fácil.

TODO CON MEDIDA

A fines de 2007, en medio de una ácida discusión sobre la reforma electoral que se encontraba en curso, escribí un artículo que va en el mismo sentido que los de los autores antes citados[23]. (Guardando todas las distancias):

1. Si usted cree que la igualdad social es el valor fundamental de la vida en común y piensa que todos los otros valores de-

---

[23] "Todo con medida", *Reforma,* 13 de diciembre de 2007.

ben estar subordinados al logro de la misma... Cuidado, puede acabar anulando las libertades y por esa vía construir un régimen despótico.

2. Si usted cree que la paz es el valor más importante y de ahí deriva una política pacifista que renuncia a toda fórmula de defensa para no provocar a su contrincante... Cuidado, porque si su vecino se arma, es probable no sólo que tenga que enfrentar una guerra, sino que esté obligado a hacerlo en condiciones más que desfavorables.

3. Si usted cree en las virtudes de la libre empresa y considera una actitud inaceptable cualquier restricción a la misma... Cuidado, es muy probable que esa dinámica lleve no sólo a la aparición de grandes monopolios, sino que acarreará daños irreparables al medio ambiente y a la integridad y salud de los trabajadores.

4. Si usted cree en la planificación de la economía pero no deja resquicio alguno para la iniciativa y la innovación de los particulares... Cuidado, puede generar un estancamiento brutal que haga inviable su propio desarrollo.

5. Si usted cree que la improvisación es la sal de la vida y no reconoce la pertinencia de ningún otro valor... Cuidado, lo único que logrará es la más amplia y contundente anarquía (Vamos, ni el jazz es pura improvisación).

Se trata de puros valores positivos: equidad, paz, libre empresa, planificación, improvisación, y la lista puede crecer y crecer. Nadie en su sano juicio desearía abolirlos. Pero no son valores absolutos. Entre otras cosas porque no existen los valores absolutos. El problema mayor de la existencia es precisamente ese: que los valores positivos deben conjugarse, articularse, combinarse, porque de lo contrario lo que se construyen son realidades asfixiantes.

Si solamente se subraya un valor, si se pretende subordinar a los demás, si se le da la espalda a la complejidad de su conjunción, aparecen fenómenos temibles.

No se trata de una mera especulación académica. Cuba, la política francesa e inglesa luego de la Primera Guerra Mundial, el llamado capitalismo germinal o salvaje, la Unión Soviética y el conjunto de rock de mis vecinos, ilustran en forma secuencial y de manera elocuente (creo) los enunciados del inicio de esta nota.

Esta larga introducción viene al caso porque en el debate de la nueva normatividad electoral se colocan algunos valores positivos como si se tratara de absolutos y no hubiese la necesidad de conjugarlos con algunos otros para hacerlos productivos. Autonomía del IFE y libertad de expresión, de repente aparecen como valores absolutos que al parecer no pueden jamás ser modulados sin cometer –dirían los jueces sin matices– una falta mayúscula. Y no es así.

Autonomía. Por supuesto que se trata de un valor necesario, imprescindible en el funcionamiento del IFE[24]. Supone que las decisiones de ese Instituto se tomen sin la interferencia de los gobiernos, los partidos o cualquier otro agente social. Buena parte de la legitimidad del IFE se juega en esa dimensión y sin ella simple y llanamente se acabaría convirtiéndolo en una "correa de transmisión" de otras entidades, lo cual lo desnaturalizaría. Pero la autonomía se edificó entre nosotros como una fórmula para alcanzar un valor superior: la confianza de los partidos y los ciudadanos en el árbitro electoral. En los países europeos, por ejemplo,

[24] Desde la Reforma Electoral de 2014 INE.

las elecciones las organizan los ministerios del Interior –es decir, instituciones de gobierno, no autónomas– y a nadie se le ha ocurrido construir entidades independientes para realizar esas funciones, precisamente porque existe confianza en que los gobiernos no actuarán de manera facciosa. Pues bien, en nuestro caso, no se descubre nada nuevo si se afirma que por lo menos cuatro de los ocho jugadores (PRD, PRI, PT y Convergencia) demandaron ajustes en el árbitro para recuperar la confianza. A mí no me convencían los reclamos de esos partidos, pero hubiese sido necio no tomarlos en cuenta. Es por ello que se pactó el relevo escalonado del Consejo General del IFE para intentar remontar los déficits de confianza. Esa operación la diseña y ejecuta el Congreso legitimado para hacerlo. No se afecta la autonomía pero se intenta restañar la (des) confianza (que por cierto es un valor vaporoso).

Libertad de expresión. Sobra decirlo pero no me lo ahorro: sin libertad de expresión todo el edificio democrático se derrumba, se trata de una piedra fundadora de la convivencia y la contienda democrática. Pero al igual que el resto de los valores positivos tiene que conjugarse con otros, porque de no suceder así también puede generar realidades indeseables. En el caso específico de las elecciones, la libertad de expresión debe modularse con la búsqueda del valor de la equidad en la competencia. No es un tema mexicano, en esos términos se discute en todo el mundo[25]. Se trata por supuesto de garantizar que las personas puedan expresar sus preferencias, pero de lograr que la contienda entre partidos y candidatos sea lo más pareja posible. Y para ello en muchas partes del

[25] Ver: "*The delicate balance between political equity and freedom of expression*". Eds. Steven Griner y Daniel Zovatto, OEA, IDEA, 2005.

mundo se han diseñado mecanismos para que terceros no puedan irrumpir con su dinero en la compra de publicidad en los grandes medios masivos de comunicación. Esa disposición –discutible, como todo– se justifica por su finalidad, por los objetivos que persigue: equidad… modulando la libertad de expresión.

Como dice una publicidad ocurrente: "Nada con exceso, todo con medida".

LIBERALISMO E IZQUIERDA

No me cabe ni la menor duda de que la izquierda mexicana está obligada a incorporar a sus plataformas e idearios la tradición que emerge del liberalismo. Sin respeto a las "garantías individuales" o los derechos humanos; sin un compromiso fuerte y decidido con las libertades (de organización, expresión, prensa, manifestación, de tránsito, etcétera); sin una asunción profunda de la virtud del pluralismo político y su convivencia-competencia civilizada (es decir, con la democracia); la izquierda puede –ha sucedido en otras latitudes– convertirse en una corriente autoritaria.

Pero, si los liberales quieren preservar y extender las libertades tienen que preocuparse por algo más que por las libertades.

José Antonio Aguilar Rivera (coordinador), *La fronda liberal. La reinvención del liberalismo en México (1990-2014)*, CIDE / Taurus, México, 2014.

El 2018 y su secuela

Hacia el 2018: malestar, fragmentación, incertidumbre[26]

COLUMNISTAS, POLÍTICOS, CONOCIDOS Y AMIGOS VISLUM-
bran ya en el horizonte las elecciones del 2018. Encuestas, análisis y ocurrencias empiezan a invadir el espacio
público. Estamos acostumbrados. Las notas siguientes parten de
una constatación: las elecciones no suscitan hoy el mismo entusiasmo que ayer. Y en los tres primeros fragmentos intento ras-
trear el porqué de ese cambio en el ánimo público, sus nutrientes
y la expansión de un discurso antipolítico que rebasa, y con mucho, nuestras fronteras. Para luego afirmar que, a pesar de ello, las
elecciones siguen siendo un expediente insuperable si es que de-
seamos asentar las prácticas democráticas, y una fórmula que
volverá a mostrar su estratégica pertinencia si es que queremos
ofrecer un cauce para la convivencia–competencia de la diversidad política. El texto continúa tratando de rescatar las nuevas
condiciones políticas en las que se desarrollarán los comicios (una
mayor fragmentación) y dibujando las fórmulas que eventual-

---

[26] Este texto se alimenta de varias notas mías publicadas en el diario *Reforma* en
2016 y 2017.

mente podrían conjugar la mayor representatividad posible con los gramos de gobernabilidad suficiente para hacerla productiva. Y en los numerales VI y VII –que para algunos podrían parecer una salida de curso– se apuntan dos de los retos mayores que las futuras administraciones tendrán que afrontar: la necesidad de fomentar el crecimiento económico al tiempo que se construyen condiciones para una coexistencia medianamente armónica y las nuevas situaciones que se viven en los Estados Unidos, algo más que nuestro principal socio comercial. Por último, intento llamar la atención sobre un asunto medular: la fragilidad de los regímenes democráticos, quizá como una alerta porque mucho de lo construido, puede erosionarse, degradarse o incluso desaparecer. Esperemos que no.

I. ELECCIONES Y MUTACIÓN DEL ÁNIMO PÚBLICO

A la distancia ya despuntan las elecciones federales de 2018 que serán concurrentes con las de 30 estados. Será una jornada electoral en la que se renovarán el Ejecutivo y Legislativo federales y buena parte de los poderes públicos en los estados. Y sin embargo (creo) el entusiasmo, las ilusiones, las esperanzas alguna vez depositadas en dichos procesos, parecen haber menguado de manera considerable.

Comparar el clima anímico de los años ochenta, noventas y primeros años del siglo XXI, con el de hoy, puede ser útil para aclararme.

Luego de la reforma política de 1977 se abrió un cauce para que las fuerzas políticas que hasta entonces se encontraban artificialmente marginadas del mundo institucional electoral pudieran incorporarse a él. Nuevos partidos aparecieron en el escenario y aunque la contienda resultaba marcadamente asimétrica y las garantías de limpieza eran prácticamente inexistentes, las añejas y nuevas organizaciones, y con ellas millones de mexicanos, vieron en la vía electoral una fórmula para ensanchar su presencia en la sociedad, ocupar, de manera paulatina, cargos en el entramado estatal, aclimatar la pluralidad política de la nación y construir un régimen democrático.

Aquellos años estuvieron marcados por las novedades y la esperanza. Los años que corren, por el contrario, son de escepticismo, rutina (o novedades que no son valoradas) y malestar sordo (desesperanza).

Las elecciones de 1979, 1982 y 1985, si bien vistas en retrospectiva fueron escasamente competitivas, resultaron un eslabón clave para que las oposiciones acumularan fuerza, multiplicaran su presencia en el país y para hacer cada vez más competitivas y relevantes las fechas comiciales. Hasta que en 1988 se produjo la primera elección presidencial auténticamente competitiva. Esa fue la buena noticia. La mala: que ni las normas, ni las instituciones ni los operadores estaban capacitados para procesar de manera limpia y transparente los resultados. Ello generó una enorme crisis política que demandó una reforma radical de las reglas e instituciones encargadas de la contienda electoral.

Desde la fundación del IFE (1990) un aura rodeó a su creación: la de la duda. No era para menos. El "trauma" de 1988 había sido tan profundo y se entendía como una desembocadura "natural" de un sistema electoral sesgado y manipulado por el oficialismo, que el reto mayor de la nueva autoridad electoral era el de construir, paso a paso, la confianza en la vía electoral, que debía ser un terreno de juego imparcial, equitativo, apegado a la legalidad, que permitiera la convivencia y competencia pacífica e institucional de la pluralidad política. Y por ello, en medio de un marcado recelo, se empezaron a rediseñar todos los eslabones del proceso electoral: padrón nuevo (el anterior se tiró a la basura –sin metáfora–) supervisado por los partidos, urnas translucidas, boletas impresas en papel seguridad, listas nominales con fotografía y entregadas a los partidos, programa de resultados electorales preliminares instantáneo y desagregado casilla por casilla, tinta indeleble para evitar el posible doble voto, insaculación y capacitación de los funcionarios de casillas, facilidades a los observadores electorales y un sinnúmero de medidas más. El escepticismo fue el acicate para armar –desde cero– uno de los edificios más barrocos que en el mundo ha existido en materia electoral.

Pero aquella temporada –como apuntábamos– también fue de novedades y esperanzas. Existía la fe o la convicción de que un sistema de partidos fuertes e implantados modificaría la correlación de fuerzas y construiría pesos y contrapesos (hasta entonces inexistentes) en el entramado estatal. Que la auténtica competencia premiaría y castigaría, que los fenómenos de alternancia inyectarían savia fresca al enmohecido sistema de representación, que la carencia de mayorías absolutas en los cuerpos legislativos obligaría a la deliberación y al acuerdo, desterrando los caprichos de una sola fuerza política. Que esa dinámica ampliaría los márgenes de libertad y haría más robusto el debate. E incluso se despertaron ilusiones desbordadas: parecía –por lo menos para algunos– que la democracia podía ser la llave mágica que abriera posibilidades al desarrollo, la igualdad, el abatimiento de la pobreza, la corrupción, la violencia, y fantasías igual de potentes. Por lo que cada novedad fue saludada con ánimo y vigor. Los ajustes en la maquinaria electoral no sólo eran técnicamente necesarios, sino políticamente esperanzadores porque abrían cauce a nuevas realidades. Y en efecto, fueron años en que por primera vez pasaron muchas cosas. Por primera vez hubo elecciones en la capital y ganó un partido de oposición al gobierno federal, por primera vez contamos con una Cámara de Diputados sin mayoría absoluta de algún partido, por primera vez hubo alternancia en centenares de municipios, diferentes gubernaturas y en la propia Presidencia de la República, y por primera vez el Senado se equilibró de manera impensable para muchos. Y esas novedades lubricaban la confianza. (Bueno, hasta las elecciones infantiles, para subrayar los derechos de los niños y jóvenes, fueron eventos luminosos.)

Hoy, por desgracia, la temperatura anímica es otra. Sigue recargada de escepticismo, porque la confianza que se construyó con lentitud, paciencia y colaboración de los partidos, fue destruida en buena medida por el invento de un fraude que a diez años y medio nadie ha podido demostrar. Pero lo más grave es que lo que ayer fueron novedades hoy son rutinas institucionales y las novedades (que no son pocas) no se aprecian porque lo que ayer fue esperanza hoy es desesperanza. No es que los objetivos de aquella etapa no se hayan alcanzado, por el contrario, cualquier observador medio de la política puede constatar que se lograron: partidos nivelados, elecciones competidas, pluralismo equilibrado en el Congreso, fenómenos de alternancia. Lo que sucede es que los partidos, las elecciones, los cambios en la conducción de los gobiernos, no suscitan –para muchos– ya no digamos ilusión, sino siquiera expectación (bueno, exagero un poco).

II. Algo sobre los nutrientes del agrio humor público

Irritación social, desgaste gubernamental, amenazas provenientes de nuestro vecino del norte, tiñen el panorama generando incertidumbre y preocupación. El aumento en los precios de la gasolina puso en acto un malestar larvado que se expresó en marchas, plantones, manifestaciones de repudio en las redes, pero que fue pretexto también para saqueos injustificables.

Estos días quizá puedan leerse como un revelador: de la ruptura de los puentes de comunicación entre gobierno y franjas relevantes de ciudadanos y del fastidio expansivo que modela los humores públicos.

Se pudieron leer y escuchar reclamos a la insensibilidad y falta de previsión del gobierno. Y era cierto. Pero el problema es más profundo. Parece existir una fuerte ruptura entre el mundo donde transcurre el gobierno y la política institucional y el de millones de mexicanos, en el que el distanciamiento –y quizá quiebra– entre el universo de la opinión y el del poder político, juega un papel fundamental. En su momento, la reacción denigratoria (casi) inercial al Acuerdo para el Fortalecimiento Económico y la Protección de la Economía Familiar ilustró –ejemplificó– de manera inmejorable ese rompimiento. Nada ha erosionado más esos puentes que los fenómenos de corrupción documentada que quedan impunes y los excesos –reales y ficticios– que restan credibilidad a los agentes políticos. El laberinto de la política mexicana, con sus nuevos pesos y contrapesos, negociaciones obligadas, acuerdos "promediados" por la correlación de fuerzas, resulta indescifrable para demasiados; pero eso sí, los fenómenos de corrupción reiterados, exhibidos, pero no castigados, inyectan altas dosis de repudio más que justificado.

El humor público es agrio. El fastidio está a flor de piel. Hay un malestar que tiene demasiadas fuentes y mientras no se atiendan esos nutrientes el coraje irá en aumento. Además de la corrupción, la violencia expansiva inyecta zozobra, la falta de crecimiento económico nubla las expectativas de las nuevas generaciones, las abismales desigualdades construyen relaciones sociales cargadas de resquemor mutuo, el déficit en el Estado de derecho induce a la explotación de la "ley del más fuerte". Enunciar esas fallas de nuestra convivencia es sencillo. Lo difícil es construir un horizonte que intente trascenderlas porque, paradójicamente, el clima no resulta propicio por el cúmulo de apuestas a corto plazo.

III. LA ANTIPOLÍTICA COMO POLÍTICA

A los nutrientes estructurales que alimentan el desencanto y el malestar (escaso crecimiento económico, persistencia y ahondamiento de las desigualdades, corrupción e impunidad y la espiral de violencia), hay que sumar una ola (casi) universal que a falta de mejor nombre podríamos llamar antipolítica. La reiteración inercial y machacona de que todo lo que sucede es culpa de los políticos, los partidos, los congresos y los gobiernos. Instituciones sin las cuales la democracia es imposible –vale la pena subrayar–.

Y no resulta difícil acudir a ejemplos. Un pastor evangélico es el alcalde de Río de Janeiro y un presentador de televisión ganó las elecciones en Sao Paulo. Trump en Estados Unidos, la señora Le Pen en Francia y en su momento Berlusconi en Italia, han tenido un enorme éxito. En las elecciones presidenciales del año pasado en Austria ninguno de los candidatos de los dos partidos tradicionales (socialdemócratas y populares) llegó a la segunda vuelta. Quedaron en cuarto y quinto lugar respectivamente. ¿Hay algo en común en todos estos casos? Creo que sí. El desgaste de los partidos habituales, la retórica simple pero contundente de que todo es culpa de los políticos, que se requiere de redentores externos a "esa clase" y el discurso de que cada uno de ellos –que se presentan como el relevo necesario y óptimo– encarna las auténticas aspiraciones de los ciudadanos.

Esos fenómenos son subproductos de un ambiente intelectual-cultural que ve en los políticos –así en conjunto– la causa eficiente de todas las dificultades, rezagos, malestares. Ese bloque –el de los políticos–, escindido del resto de los mortales, no es más que un atajo de tontos, ineficientes y corruptos. Y ello por supuesto explica todos los males. Los problemas no aparecen como tales (difíciles de atender) pero los responsables son indudables.

Esa simplificación extrema pero exitosa intenta borrar (y lo logra en el discurso) las enormes complejidades en la que transcurre la vida política en un mundo globalizado y en el que la aspiración democrática parece ser hegemónica. Se destierra de la retórica todo aquello que intente captar la tortuosidad y los límites de la política para que las cosas sean simples y sencillas (por ello mismo parciales y mentirosas). Se trata de "explicaciones" que omiten, por ejemplo, a los grandes poderes fácticos que condicionan la labor de los políticos. Poderes como los financieros o mediáticos, que deberían ser regulados y modelados por los poderes constitucionales, y que tienen un peso gravitacional más que relevante en los circuitos de tomas de decisiones. Curiosamente, existe la otra versión extrema: esos poderes fácticos serían los auténticos titiriteros y los políticos los títeres.

De igual manera, se omiten las limitaciones normativas, financieras, políticas e institucionales que constriñen la actuación de los políticos. Se supone que quienes tienen un cargo público sólo pueden hacer aquello para lo que están facultados, que sus recursos son finitos, que no están solos en el escenario sino que lo comparten con corrientes y organizaciones que en muchos casos tienen diagnósticos e iniciativas contrarios a los suyos, y que la división de poderes y los pesos y contrapesos institucionales convierten al quehacer democrático en un laberinto difícil de cursar. Pues bien, todo ello es borrado del discurso porque lo haría inasible para "las masas".

Si a ello le sumamos, como diría Vargas Llosa, que la política de hoy se emparenta con, y explota los códigos del espectáculo, el círculo de la simplificación se comprime aún más. Se trata de ser –quizá por necesidad– vistoso, ocurrente, seductor, de satisfacer las pulsiones más primitivas del auditorio, de ganar votos a como dé lugar, aunque para ello se requiera gesticular con el mínimo común denominador de los prejuicios que flotan en el ambiente. Es un patrón que se impone por el impacto de las nuevas tecnologías y por la necesidad de conectar con el mayor número de personas. De esa manera, desde la propia política se nubla lo que está en juego en cada debate, en cada legislación, en cada programa, en cada votación. Sobra decir que en esa mecánica desaparecen los diagnósticos sobre los problemas, las dificultades para resolverlos, los dilemas que implican, y todo ello (análisis, propuestas, contradicciones), desterrado del discurso, es suplantado por arengas en donde la voluntad –las ganas o el carácter– lo es todo.

Habitamos sociedades aniñadas. Proclives a la simplificación y refractarias a asumir la complejidad, demandantes de arengas que establezcan con claridad los campos del bien y el mal. Y sobre esa pulsión se monta –en todo el mundo– una retórica pueril pero efectiva: la culpa es de los políticos, porque nosotros (el pueblo, la sociedad, el resto de la humanidad, el respetable) somos la fuente prístina de la virtud.

IV. LAS ELECCIONES, UN EXPEDIENTE INSUPERADO Y ORDENADOR

No obstante lo anterior, las elecciones siguen siendo la fórmula privilegiada y legitimada para que la diversidad de opciones políticas compita por la adhesión de los ciudadanos y los cargos de representación popular. Existe, por fortuna, entre nosotros, un amplio consenso de que no hay expediente superior al electoral para arribar a los puestos de gobiernos y legislativos. Todas las corrientes políticas medianamente significativas, aunadas a las tendencias de opinión, el periodismo y la academia, sostienen que sólo el voto de los ciudadanos confiere legitimidad a los gobiernos y congresos. Es un basamento que, quizá por obvio, pasa desapercibido y que vale la pena no olvidar. El de la hegemonía del ideal democrático en el que adquieren todo su sentido civilizador los procesos comiciales.

Porque una vez que se desate la contienda no sólo por la presidencia, sino por el Congreso, las gubernaturas y la jefatura de gobierno de la Ciudad de México, los ayuntamientos y los congresos locales, las principales fuerzas y grupos políticos, económicos y sociales, empezarán a tomar partido, a alinearse o a construir sus propias opciones, de tal forma que el espacio y la promesa electorales acaben generando un cierto orden y delineando diferentes opciones de futuros posibles y deseables.

La propia vía electoral, además de ser un terreno para la convivencia y competencia de la diversidad política del país, será también un momento para la expresión de los humores públicos que modelan a México: desde el hartazgo hasta las ilusiones más desbordadas tendrán un escenario para su expresión, recreación y confrontación en términos civilizados y participativos. Porque lo que estará en juego de ninguna manera será anodino. Todo lo contrario.

V. FRAGMENTACIÓN POLÍTICA[27]

Desde 1997 en la de Diputados y desde el 2000 en la de Senadores, nadie ha logrado conquistar la mayoría absoluta de escaños, y es muy difícil pensar que esa realidad será revertida. Más bien las tendencias apuntan a lo contrario: a una fragmentación de la representación, dada la escisión que se vivió en la izquierda, el declive electoral del PRI y el PAN, el fortalecimiento de opciones intermedias y a la nueva figura de los candidatos independientes. Esa fragmentación además puede tener un fuerte impacto en la elección presidencial, la que dada nuestra tradición resulta, a los ojos del público, la más relevante.

No es casual entonces que desde diferentes espacios públicos se impulse la idea de que sería conveniente una segunda vuelta para la elección de los ejecutivos (Presidente y gobernadores), cuando ninguno de los candidatos obtenga un respaldo mayoritario en la primera. Tampoco que en diferentes foros se debata sobre

---

[27] Como el lector podrá apreciar, los resultados de los comicios anularon buena parte de las expectativas planteadas en este subcapítulo. Pero lo escrito quizá sea útil para leer como se veía –o como veía yo– el escenario antes de iniciada la campaña.

las posibilidades de forjar un gobierno de coalición –como ya lo prevé la Constitución– luego de los comicios de 2018.

Resulta positiva la expansión de una inquietud que me parece pertinente: ¿qué hacer dada la fragmentación política que cruza al país? Se trata de una auténtica novedad y en efecto hay pocas –aunque certeras– previsiones en nuestro marco normativo para intentar hacerla productiva. Pero de inicio dos precisiones: segunda vuelta electoral para la elección de cargos ejecutivos y gobiernos de coalición no tienen por qué ser excluyentes, más bien pueden ser complementarios. En el caso de las coaliciones se trataría de construir una mayoría parlamentaria que acompañe la gestión presidencial (o de los gobernadores, en su caso).

¿De dónde y por qué surgen este tipo de preocupaciones? De una realidad política que se transformó radicalmente en las últimas décadas. Hablar de segundas vueltas y coaliciones de gobierno en la época del partido hegemónico no hubiese sido más que una excentricidad. Esos temas empezaron a despuntar cuando una pluralidad viva y equilibrada irrumpió en nuestra vida política. Pero mientras el sistema de partidos fue básicamente de tres (PRI, PAN, PRD-FDN- entre 1988 y 2012), la elección de los ejecutivos garantizaba que el ganador por lo menos tuviese el 36 o 37 por ciento de los votos y de manera pragmática, a cada momento, se forjaron coaliciones legislativas para aprobar diferentes iniciativas. El proyecto más ambicioso en ese sentido fue el del Pacto por México, en el cual el gobierno y las oposiciones reconocieron que cada uno por separado carecía de los votos suficientes en el Legislativo como para hacer avanzar sus propuestas.

No obstante, todo parece indicar que en México podemos estar transitando de un pluralismo moderado a un sistema partidista mucho más fragmentado. Repito: la escisión en la izquierda (PRD y Morena), la aparición de las candidaturas independientes, y en menor medida el declive en la votación del PRI y el PAN y el fortalecimiento relativo de otros partidos, puede desembocar en una contienda por la presidencia ya no entre tres, sino entre 5 o más candidatos competitivos, y en una representación congresual más dispersa.

La segunda vuelta y los gobiernos de coalición pueden entonces conjugarse de manera virtuosa. La segunda vuelta nos ayudaría a que ningún candidato con más rechazos que apoyos pudiese llegar a ocupar el cargo. Mientras la posibilidad de forjar gobiernos de coalición, que ya existe en el artículo 89 de la Constitución, sería la fórmula adecuada para convertir un eventual gobierno de minoría en uno de mayoría, haciéndolo con las artes tradicionales de la política: la negociación y el acuerdo.

La segunda vuelta es rechazada por algunos porque afirman que con ello se estaría construyendo una presidencia artificialmente fuerte. Pero no necesariamente debe ser así, si se mantienen las fórmulas actuales de integración de las Cámaras del Congreso o mejor aún si asumimos de una vez –como al parecer lo hará la Constituyente de la Ciudad de México– una fórmula de traducción exacta de votos en escaños[28]. Ese pluralismo equilibrado que habita el Congreso es el mejor contraveneno para cualquier pretensión de erigir una presidencia abrumadora. Los gobiernos de coalición son rechazados por otros porque señalan que pueden convertir en rehén del Congreso al Presidente en turno o porque les parecen "contra natura". A ello hay que responder que tal y

[28] No sucedió así.

como se encuentran diseñados en la Constitución son potestativos (no obligatorios) y que sólo proceden con el acuerdo de las partes. Y que normalmente se hacen por necesidad. Porque cuando una fuerza política, en singular, tiene la mayoría congresual por supuesto que no necesita de alianza alguna.

VI. La necesidad de crecer y de generar cohesión social

Pero lo más complicado que deberá enfrentar el próximo gobierno es la situación económica y social del país. Existe una conciencia extendida de que en México están instalados y se expanden un agrio humor social, tensiones mayúsculas y un muy bajo aprecio por las instituciones públicas. Son fenómenos anudados, con fuertes nutrientes –cada uno pondrá énfasis en los que le parezcan más importantes o los ligados a su campo de especialización–, pero quizá la causa primigenia esté en una economía que no crece como el país requiere, no genera los empleos de calidad necesarios, no logra abatir la pobreza ni atemperar las desigualdades y que, en una palabra, no es capaz de construir un mínimo de cohesión social.

Cierto que el entorno internacional resulta adverso, cierto que problemas ancestrales no se resuelven por el encanto de la magia, pero insistir de manera acrítica en las recetas que se han implementado en las últimas décadas, no parece demasiado sensato. Y quizá –es sólo un buen deseo– el momento electoral abra la posibilidad de reiniciar un debate sustantivo sobre el rumbo del país. A fin de cuentas, se supone que durante los procesos electorales deben aparecer los diagnósticos y las propuestas más sofisticados sobre los problemas más ingentes. Escribí, se supone...

116

Si ello sucede no estaría mal retomar lo que un grupo de economistas destacados, mayoritariamente de la UNAM, coordinados por Rolando Cordera, han puesto a circular en un importante libro[29].

Se trataría, por supuesto, de revisar el "entorno global" que en buena medida modula las posibilidades de la economía mexicana, pero para más allá de esa "realidad objetiva", intentar un diagnóstico de la situación por la que atraviesa nuestra economía y poner a discusión las eventuales reformas que podrían generar un motor interno para el desarrollo con inclusión social. Porque "tras la profunda crisis de 2009 seguimos sin lograr una recuperación económica y social sostenida, generalizada y compartida. El desempeño continúa siendo decepcionante en relación, sobre todo, con las necesidades de ampliación y modernización de la infraestructura y la planta productiva, la creación de suficientes empleos de calidad y la superación de la pobreza. Los ingresos de la mayor parte de la población, reflejados en la masa salarial y otros indicadores, continúan siendo inferiores en valores reales a los que existían antes de la gran recesión".

Se trataría, entonces, de discutir las premisas generales de la política económica en sus diferentes líneas (industrial, fiscal, energética, salarial, etcétera), poniendo en el centro la necesidad de crecimiento y la atención a los abrumadores rezagos sociales, para salir del laberinto de nuestro "estancamiento secular". Y ojalá ese esfuerzo y otros similares –aunque fueran de signo contrario– pudieran irradiar la necesidad de convertir la contienda electoral en un momento privilegiado para analizar el rumbo que sigue nuestra economía y pensar las necesarias reformas al mismo.

---

[29] *Más allá de la crisis. El reclamo del desarrollo*, FCE / UNAM, México, 2015.

Y es que los propios organismos internacionales parecen estar modificando sus paradigmas para colocar en el centro los temas de la desigualdad social, el empleo, los salarios. Por ejemplo, la OCDE en 2014 señalaba que: "nuevas investigaciones […] muestran que cuando la desigualdad de ingresos se eleva, se reduce el crecimiento económico", por lo que "combatir la desigualdad hace a nuestras sociedades más justas y más fuertes a nuestras economías". Si ello es así no sólo sería por razones éticas o políticas que habría que intentar edificar una sociedad menos escindida, menos polarizada, sino por requerimientos de las propias economías, que como la nuestra necesita de un poderoso "motor interno" para estimularla, ya que la persistencia de una cierta atonía del mercado internacional, a pesar del dinamismo de nuestro sector exportador, no puede "arrastrar consigo al resto de la economía"[30].

Así, ante un crecimiento económico débil y la expansión de la precarización del empleo, ante un deterioro o en el mejor de los casos estancamiento de las percepciones de los trabajadores y la permanencia inconmovible del porcentaje de pobres, ante la profundización de las desigualdades y la ausencia de un proyecto para fomentar la inclusión social, no resulta extraño que el malestar se expanda y la violencia se instale con toda su cauda destructiva, que la confianza en las instituciones se encuentre en un nivel ínfimo y que el humor público tenga altas dosis de fastidio, desencanto y rencor.

Por ello es necesario trazar nuevas coordenadas para la política económica, delinear y acordar un pacto social y fiscal, capaz no solamente de activar la economía, sino hacerlo con la intención de incorporar a los "beneficios del desarrollo" a los millones de conciudadanos que se encuentran segregados del mismo, para con

[30] *Ibíd.*

ello, quizá, ofrecer un horizonte para el conjunto de eso que llamamos sociedad mexicana.

Porque llevamos casi 40 años dándole la vuelta a la noria electoral. Y también hemos estado, como sociedad y con razón, empecinados en regular, dividir, supervisar, transparentar, controvertir a las instituciones del Estado. Tareas necesarias y de primer orden dado la cauda de discrecionalidad, prepotencia, concentración, opacidad e impunidad con las que han y, en muchas ocasiones, siguen actuando. Se trata de una agenda pertinente que ha logrado avances en muchos campos y que no se debe descuidar porque estamos aún lejos de contar con un Estado de derecho digno de ese nombre. Y por supuesto siempre resultará pertinente que el Estado no invada zonas reservadas en exclusiva a los individuos, que en su propio seno existan pesos y contrapesos, que los funcionarios se ciñan a sus facultades y no actúen de forma discrecional, e incluso que por la vía jurisdiccional los particulares puedan proteger sus intereses cuando los sientan avasallados por la autoridad. Hemos, en fin, tratado de contener y controlar al Estado.

Pero estamos obligados también a explorar y explotar las potencialidades de las instituciones estatales. Si queremos atender los flagelos más ominosos que rondan nuestra convivencia, tenemos que activar los resortes estatales que eventualmente pueden generar espirales virtuosas. Sin políticas laborales, fiscales, de salud y educación, de vivienda y alimentación, bien diseñadas no alcanzaremos siquiera a atemperar las desigualdades que cruzan a México y que lo convierten en un escenario de tensiones y rencores sin fin. Sin políticas monetarias, de inversión pública, de fomento a la infraestructura y a la inversión privada, difícilmente lograremos que nuestra economía crezca a las tasas necesarias para generar empleos dignos y contener la expansión acelerada del trabajo informal y sus secuelas. Sin cambios a los usos y costumbres de policías, ministerios públicos, jueces y encargados de los penales, difícilmente se abatirá la ola delincuencial respetando los derechos humanos (operación complicada entre las complicadas).

¿Sería posible un gran pacto político y social para activar la economía, abatir la pobreza y mitigar las desigualdades? Para eso también requerimos del Estado.

VII. El fenómeno Trump

Y si todo lo anterior fuera poco, tenemos en la presidencia de nuestro vecino del norte un individuo que será[31] una calamidad para el país. Un hombre elemental, cargado de prejuicios, subinformado, arrogante y caprichoso, encabezará el gobierno de la mayor potencia del mundo.

Estados Unidos y México han venido solidificando sus relaciones de interdependencia asimétrica. La economía, la población y las migraciones han venido forjando realidades que en sí mismas son elocuentes pero que pueden leerse –como está sucediendo– para "bien" o para "mal" (como casi todo). Reproduzco algunos datos ofrecidos por Tonatiuh Guillén, presidente de El Colegio de la Frontera, que ilustran lo antes dicho.

En el terreno comercial, por ejemplo, Estados Unidos importó desde México, en el año 2015, 296 mil millones de dólares y exportó a nuestro país 234 mil millones. Se trata de cifras difíciles de

---

[31] Se escribió antes de que asumiera el cargo.

asir y aquilatar pero que en comparación con el comercio de otros países pueden evaluarse mejor. El monto de las importaciones de Estados Unidos desde México es prácticamente igual que las que realiza desde Canadá y es el 61 por ciento de las importaciones a Estados Unidos provenientes de China (483 mmd). Brasil, por ejemplo, sólo exportó, ese mismo año, a Estados Unidos 27 mmd y Japón 131, lo que quiere decir, que somos el segundo o tercer exportador hacia el país del norte.

En Estados Unidos viven 11.7 millones de personas nacidas en México (independientemente de su situación migratoria), 11.5 millones nacidos en los Estados Unidos de padres mexicanos, y otros 10.5 millones con "herencia cultural mexicana". En un estado como Nuevo México, con una población de 2 millones de habitantes, 994 mil son de origen "latino" y en California con 38.8 millones, 14.9 tienen ascendencia "latina". Son números que reflejan una realidad demográfica cambiante y que cuando uno se asoma a las pirámides de edades de "latinos" y "blancos", observa que los primeros crecen mucho más que los segundos.

Pero por otro lado, y como información para quien pretende edificar un muro en toda la frontera, la migración de mexicanos hacia los Estados Unidos ha venido decreciendo de manera consistente desde 2008. En 2006 fueron 816 mil, en 2007, 858; en 2008, 748. Y de ahí en adelante la cifra no ha hecho más que menguar: 2009, 630; 2010, 493; 2011, 317; 2012, 276; 2013, 280; 2014, 165 y 2015, 96. De igual forma las deportaciones también tienen una tendencia a la baja: 2007, 573 mil; 2008, 566; 2009, 549; 2010, 418; 2011, 357; 2012, 352; 2013, 298; 2014, 214; y 2015, 175. Son cifras enormes y cada caso seguramente es dramático, pero se puede apreciar la línea decreciente.

Esas realidades ilustran una interdependencia económica relevante y una población de origen mexicano que de ninguna manera resulta marginal. Pues bien, como ya ha empezado a hacerlo, Trump puede intentar alterar los flujos comerciales. Sus amenazas a empresas que pretendían o pretenden invertir en México, sus chantajes en relación a establecer aranceles más que elevados a quienes deseen exportar a los Estados Unidos desde México (aún en contra de las disposiciones expresas del TLC), su retórica que quisiera circunscribir las inversiones norteamericanas a sus propias fronteras, están ya afectando a la economía mexicana. Su resorte xenófobo puede volver a incrementar las deportaciones, al tiempo que ponga en marcha un proyecto irracional y agresivo como el del muro en la frontera. Y su retórica antimexicana puede potenciar un ambiente aciago para las comunidades latinas.

Porque las cifras sin duda apuntan a una mayor interdependencia, pero la política (la mala política: la que exalta lo propio y convierte a "los otros" en los culpables de todas sus desgracias) puede dinamitar mucho de lo construido. No creo exagerado decir que la política mexicana –de ahora en adelante y por un buen tiempo– no podrá hacerse sin tomar en cuenta las veleidades e iniciativas del Presidente de los Estados Unidos.

VIII. LA FRAGILIDAD DE LA DEMOCRACIA

En un artículo originalmente publicado en el *The New York Times* que luego reprodujo el diario *Reforma* (10-12-16), se afirmaba que existe "temor por el futuro de las democracias". Se trata de los resultados de una investigación de Yasha Mounk de Harvard y de Roberto Stefan Foa de la Universidad de Melbourne divulgada en *The Journal of Democracy*, en donde se apunta que "las señales de advertencia están al rojo". Al parecer, los presupuestos de que la "consolidación democrática" se daría "una vez que los países desarrollaran instituciones democráticas, una sociedad civil robusta y un cierto nivel de riqueza", no resultan contundentes. Para los mencionados académicos, si el apoyo público hacia la democracia es decreciente y al mismo tiempo se percibe "una apertura a formas no democráticas de gobierno, como un régimen militar", sumado a partidos y/o movimientos "antisistema" con respaldo popular, entonces estamos ante procesos de "desconsolidación" de las democracias, cuya desembocadura es de pronóstico reservado, pero altamente preocupante. Los autores no sólo ejemplifican con Venezuela, sino con los propios Estados Unidos, Australia, Gran Bretaña y otros países que durante años fueron considerados ejemplos de democracia, porque "se ha desplomado el porcentaje de personas que dicen que es 'esencial' vivir en una democracia, particularmente entre las generaciones jóvenes", mientras crece "el apoyo hacia alternativas autocráticas". "Calcularon que el 43 por ciento de los estadunidenses de mayor edad creían que era ilegítimo que el ejército tomara las riendas si el gobierno resultaba incompetente... pero solo el 19 por ciento de los *millenials* estaba de acuerdo".

Asumir que cualquier régimen de gobierno puede ser pasajero es un buen punto de partida. No existe ley de la historia que garantice que un régimen democrático esté condenado a pervivir. Todo lo que existe –incluyendo a las fórmulas de gobierno– puede fortalecerse o descomponerse. Y los signos de desencanto y malestar con la democracia parecen expandirse y no se reducen a una sola área del planeta. El fenómeno Trump, el crecimiento de la ultraderecha en Europa o el Brexit en la Gran Bretaña, son inexplicables sin ese hartazgo con las derivaciones de un proceso de globalización que ha dejado millones de damnificados.

Entre nosotros la desesperanza y el fastidio están a la vista. Hay un resorte bien aceitado en contra de políticos, partidos, congresos y gobiernos, que además es alimentado de manera inercial –pero en forma potente– por los medios tradicionales y las nuevas redes sociales. No hay más culpables que ellos y la densidad de los problemas se diluye frente a un discurso simplista y maniqueo que enfrenta a aquellos con la inatacable sociedad civil. El aprieto, sin embargo, es que no se conoce democracia alguna que pueda reproducirse sin políticos, partidos, congresos y gobiernos. Y éstos últimos, ensimismados, habitando un mundo autorreferencial, obligados a negociaciones sin fin, parecen reforzar –queriéndolo o sin querer– los prejuicios bien afianzados en la sociedad.

Si no queremos entonces que lo poco o mucho que el país ha avanzado en términos democráticos se esfume o degrade, tendríamos que intentar revertir las fuentes del agudo desencanto con la vida política. Un contexto que no permite apreciar (a muchos) la expansión de las libertades, los pesos y contrapesos en el aparato estatal, la coexistencia de la pluralidad, las elecciones competidas. Y ello es así por cuatro fallas estructurales que deben ser atendidas y que no permiten construir una convivencia medianamente armónica. Repito: mientras la economía no crezca y pueda ofrecer trabajo digno y formal a los millones que lo demandan, mientras los fenómenos de corrupción sigan documentándose y queden impunes, mientras la espiral de violencia continúe nublando la existencia y mientras la oceánica desigualdad social siga construyendo varios países sin puentes de contacto entre ellos, me temo que el aprecio no sólo por los instrumentos que hacen posible a la democracia, sino también por ese régimen de gobierno, seguirá en declive.

Si "todo lo sólido se desvanece en el aire", como se titulaba aquel sugerente y perturbador libro de Marshall Berman, lo que ni siquiera tiene esa consistencia, más fácilmente puede disiparse por erosión continúa.

Configuraciones, núm. 43, enero-abril 2017.

El malestar y su explotación

¿POR QUÉ UN RACISTA, MISÓGINO, VULGAR, PRIMARIO Y mentiroso gobierna hoy a los Estados Unidos? Hay muchas respuestas, pero no debemos omitir la más elemental: porque conectó con 60 millones de votantes. Sin duda, muchos reprueban (reprobamos) sus proclamas de superioridad blanca, su forma de hablar y de conducirse con y contra las mujeres, su lenguaje soez, sus planteamientos (de alguna manera hay que llamarlos) básicos y cansinos y su capacidad para crear y explotar "verdades alternativas", es decir, mentiras. Pero lo cierto, y si se quiere lo triste, es que logró convencer, seducir e incluso entusiasmar a franjas relevantes de la población estadunidense. Y eso fue posible porque les dijo lo que querían oír. Su discurso y su conducta estaban larvadas en la sociedad y él le ofreció carta de legitimidad a lo que se mantenía contenido. Quizá uno de nuestros autoengaños más persistentes sea el de pensar a la sociedad como un manantial de virtudes, de conductas justicieras, habitada por ciudadanos, en principio, morales. Y por supuesto que son millones los que se comportan de manera proba y fructífera, pero existen otros que se encuentran en una sintonía no sólo diferente sino opuesta.

Cuando Trump apenas era candidato, Javier Marías escribió en *El País* que en la nación en la cual la inmensa mayoría de los políticos intentaban ser simpáticos, había irrumpido un político de "aspecto grotesco, con su pelo inverosímil y unos ojos que denotan todo menos inteligencia, ni siquiera capacidad de entender. Su sonrisa es inexistente, y si la ensaya sale una mueca de mala leche caballar […] No resulta ni distinguido ni culto […] sino hortera y tosco hasta asustar […] Ha denigrado a los hispanos; a los musulmanes les quiere prohibir la entrada a su país […]; se ha mofado de un veterano de Vietnam […] ha llamado fea a una rival [pero] lejos de desinflarse y perder popularidad, ésta le va en aumento"[32].

El problema era (y es) que había logrado expresar un estado de ánimo sembrado en la sociedad del cual se hacía vocero y representante. "Hay millones de individuos que no profesan la menor simpatía por la simpatía […] ni a la tolerancia ni a la compasión. Millones con mala uva, iracundos, frustrados, resentidos, en perpetua guerra contra el universo. Millones de indignados […] a los que todo parece abominable"[33].

Y por supuesto Trump no es el único. Cada uno con sus singularidades, ahí están Orbán en Hungría, Duterte en Filipinas, Putin en Rusia, Erdogan en Turquía, Le Pen en Francia. Y súmele usted. En el mundo existe un estado de ánimo que más vale registrar si es que se desea reformar y fortalecer los sistemas democráticos. Habitamos sociedades en las que flota un denso malestar; un desencanto brutal con la política y los políticos. Una ola de indignación que recubre el espacio público y una ira, en ocasiones apenas contenida, que marca las relaciones tensas entre "representados" y "representantes".

[32] *Cuando los tontos mandan,* Alfaguara, 2018.
[33] *Ibid.*

No es fruto de la nada. Hay nutrientes poderosos que ayudan a explicar ese humor público. Enunciados sin concierto, están desde las crisis económicas que sacudieron la placidez en la que navegaban sociedades como España y Grecia hasta los fenómenos de corrupción en América Latina y donde México ha llegado a niveles colosales; desde la falta de empleo y horizonte para los jóvenes hasta las ráfagas de violencia e inseguridad que tiñen de tensión y zozobra la convivencia; desde las desigualdades flagrantes y expansivas que impiden un mínimo de cohesión social hasta la insolencia y humillación que modelan las relaciones entre élites y mayoría. Causas para el malestar, entonces, hay y de sobra.

El problema mayúsculo es que el malestar por sí mismo (siendo expresivo) no es capaz de generar una idea de futuro y suele, en su rechazo a lo existente, mezclar prácticas, valores, normas e instituciones que vale la pena preservar, y si se quiere reformar, con otras que deberíamos intentar desterrar. La xenofobia, la misoginia, el resentimiento, bien instalados, están siendo explotados por redomados demagogos que les dan voz y "representación". Ellos no crean esos sentimientos; los explotan, les dan cauce, los alimentan y legitiman. Y encuentran invariablemente unos culpables reconocibles: los políticos, los partidos, los órganos de representación, los gobiernos. La complejidad de los problemas suele simplificarse y la furia encuentra un culpable identificable, nítido, inmejorable: los políticos.

Si no somos capaces de atender las causas de esa insatisfacción que se desplaza hacia la ira, es muy probable que el fenómeno de los líderes carismáticos que explotan de manera maniquea la ruptura entre el mundo de la política formal y las grandes masas, seguirá a la alta. La tarea de la política de hoy requiere reconocer esas nuevas realidades, atenderlas, tratando de que los precarios o sólidos regímenes democráticos no se reblandezcan o peor aún sean invadidos por energúmenos como Trump.

Nexos, núm. 486, agosto 2018.

Pragmatismo y personalismo en el centro, ¿un nuevo sistema de partidos?[34]

LOS RESULTADOS ELECTORALES DEL PRIMERO DE JULIO DE 2018 han desatado todo tipo de especulaciones. No faltan los que han dictaminado que estamos frente a una nueva época y que quizá lo que emerge es un nuevo partido hegemónico. Creo que como una golondrina no hace verano, una elección, por más relevante que sea (y sin duda lo fue) no consolida una tendencia. Puede desembocar en ello –es una posibilidad y si se quiere alta–, pero sería mejor seguir los acontecimientos y observar la evolución de las "cosas".

EL DESGASTE

Quizá lo que primero es necesario reconocer es que nuestro sistema electoral está funcionando para lo que fue diseñado. Y que al mismo tiempo en los últimos años se vienen produciendo desgastes marcados de los distintos gobiernos.

El primero de julio de 2018 fuimos testigos de la tercera alternancia en el Ejecutivo en las últimas cuatro elecciones. En el año

[34] Este texto retoma algunos comentarios míos publicados en el diario *Reforma*.

2000 los ejes fundamentales de la decisión fueron cambio o continuidad y el hartazgo acumulado con las décadas de gobiernos del PRI fueron un nutriente fundamental del resultado. En el 2006 las coordenadas izquierda-derecha parecieron ser claras; también se explotó el miedo, y al final, en la contienda más cerrada y polarizada de la historia hubo continuidad. En 2012, el desgaste sucesivo de dos gobiernos panistas aceitó la vuelta del PRI. La imagen de unas administraciones subcapacitadas para el ejercicio del gobierno volvió a abrir la puerta a los que "si sabían". Y hoy, en 2018, la erosión de la fama pública del PAN y el PRI le abrió la puerta a quien encabezó la coalición "Juntos Haremos Historia".

Lo anterior es una simplificación grosera. Lo sé. Pero de los últimos comicios para elegir a los gobernadores de 33 entidades en 21 han ganado las oposiciones y solo en 12 se ha dado la continuidad. Algo querrá decir todo eso.

En primer lugar, que ejercer el gobierno en las circunstancias actuales desgasta. Y en segundo, que el sistema electoral, más allá de contrahechuras puntuales, funciona. Se trata de una fórmula que permite la substitución de los gobernantes utilizando una vía pacífica, institucional y participativa. Las elecciones están dando lo que pueden dar. Es más: resulta altamente significativo que la totalidad de las fuerzas políticas medianamente relevantes, que las organizaciones sociales, las corrientes académicas y los medios de comunicación (incluyendo a las redes), hayan forjado un potente consenso en torno a que la única vía legítima para arribar a los cargos de gobierno y legislativos es la electoral.

Pero si lo electoral está funcionando, ¿qué es aquello que carcome el aprecio por los gobiernos y que aceita los fenómenos de alternancia? La pregunta resulta pertinente porque el nuevo gobierno eventualmente puede sufrir un desgaste similar al de sus predecesores.

Dos asuntos están a la vista: la corrupción y la inseguridad. La corrupción es el disolvente más eficaz de la confianza no sólo en los políticos sino en las instituciones de la República. Se ha abusado de la analogía con el cáncer, pero lo cierto es que la multiplicación de los casos de corrupción es similar a la metástasis que acaba por matar. Hoy, además, gracias al proceso democratizador, la visibilidad pública de la corrupción es mucho mayor que en el pasado y por fortuna la tolerancia hacia la misma es notablemente menor. Millones de personas se sienten, y con razón, ofendidas y maltratadas por ese fenómeno recurrente y no quieren ni pueden contemporizar con él. La inseguridad y la violencia, por otro lado, han devastado familias, comunidades, ciudades y estados. Los muertos, desaparecidos, secuestrados, chantajeados, humillados, suman legiones y la sombra de la violencia no sólo genera altas dosis de miedo a la vida en común, sino desgasta, hasta niveles indecibles, el aprecio por las instituciones.

Son dos asignaturas monumentales para cualquier nueva administración. Y mientras la primera, uno puede suponer, requiere de la voluntad política para atajarla y sancionarla, activando la justicia y no la venganza, la segunda (la inseguridad) requerirá algo más que voluntad para restablecer o construir un Estado de derecho digno de ese nombre y un ambiente de civilidad que hace ya casi una década se erosiona día a día junto con aquello que debería ser el piso de nuestra convivencia: la vigencia plena de los derechos humanos.

Pero sin la visibilidad y la atención de los anteriores hay dos grandes campos que si no se atienden seguirán desgastando a los gobiernos. Mientras los jóvenes que se incorporen al mercado laboral no encuentren opciones de progreso, el malestar seguirá al alza, y para combatirlo se requiere de una política económica capaz de generar crecimiento e inclusión. Y mientras sigamos siendo un país marcado por abismales desigualdades el sentido de pertenencia a una comunidad nacional será frágil.

Una agenda mínima, pero necesaria, si es que además queremos revertir el desafecto marcado que existe hacia los actores e instituciones que hacen posible la democracia.

LOS RESULTADOS[35]

Más allá del contexto, veamos de manera panorámica y sin mucho detalle los resultados que arrojaron las elecciones.

El triunfo de Andrés Manuel López Obrador resultó contundente, 53. 1 por ciento de la votación. Morena aportó el 44.4 por ciento, el PT el 6 y el PES 2.7. Desde aquella elección de 1982, en la que ganó Miguel de la Madrid con el 71 por ciento de los votos, ningún triunfador lo había sido con un porcentaje de votos y una diferencia tan grande. Quiere decir que desde que tenemos elecciones competitivas (la de 1982 no lo era) esta es la victoria más rotunda. El hartazgo con los partidos y políticos tradicionales y la perseverancia y la vena popular de AMLO han cambiado el mapa de la representación.

Acompañará la gestión del próximo Presidente un Congreso con mayoría absoluta de su coalición. Según cifras preliminares, Morena tendrá 189 diputados (37.80 %), PT 61 (12.20) y PES 56

[35] Este apartado reproduce una parte de mi artículo "¿El futuro es como antes?" que apareció en la revista *Voz y voto*, núm. 306, agosto de 2018.

(11.20). El PAN 83 (16.60), PRI 45 (9.00), MC 27 (5.40), PRD 21 (4.20), PVEM 16 (3.20) y PANAL 2 (0.40). Y en la Cámara de Senadores las cifras serán las siguientes: Morena 55 (42.97%), PT 6 (4.69) y PES 8 (6.25); PAN 23 (17.97), PRI 13 (10.16), PRD 8 (6.25), MC 7 (5.47), PVEM 7 (5.47) y PANAL 1 (0.78). Será la primera vez desde 1997 que el titular del Ejecutivo tendrá, de partida, una mayoría en la Cámara de Diputados e igualmente la primera vez desde el año 2000 en Senadores. Pero, Morena por sí sola no tiene esa mayoría de tal suerte que mantener la cohesión de la coalición electoral, ahora en el Legislativo, parece una tarea crucial. No obstante, vale la pena señalar que esa mayoría absoluta se construye gracias a las reglas de traducción de votos en escaños, porque la coalición Morena-PT-PES obtuvo un poco menos del 44 por ciento de los votos[36].

No deja de ser paradójico que un partido como el PES, que no alcanzó el porcentaje para refrendar su registro, pueda llegar a tener, más allá de las formalidades de la ley, la cuarta o quinta bancada en las Cámaras. Aunque habrá que ver cuántos y cuáles de los diputados inscritos como candidatos del PES lo son realmente, porque se sabe que algunos –o muchos– son de Morena. Suerte similar, pero con una muy escasa representación congresual, corrió el PANAL. La fórmula que deja en los electores el refrendo o retiro del registro sigue dando buenos frutos. Nuestro sistema de partidos pasará de nueve a siete porque dos de ellos no alcanzaron el tres por ciento de la votación en ninguna de las tres elecciones federales.

Vale la pena detenerse en los votos diferenciados que recibieron los partidos. Morena logró su mejor votación en la elección

---

[36] Estas cifras cambiaron. Se trataba de resultados preliminares.

para presidente (44.4%) en contraste con sus votos para diputados (37.61) y senadores (38.25). Y algo similar le pasó al PT: 6% para presidente, pero solo 3.95 para diputados y 3.89 para senadores. Exactamente lo contrario les sucedió a cinco partidos, es decir, que lograron más votos con sus candidatos al Congreso que con su candidato presidencial. Veamos: PRI, 13.56%, 16.69 y 16.21 (para presidente, diputados y senadores respectivamente). PRD 2.83%, 5.32 y 5.37. PVEM 1.85, 4.82, 4.54. MC 1.78, 4.49, 4.77. PANAL 0.99%, 2.48, 2.35. Esos "votos cruzados", diferenciados, resultan elocuentes. Podemos pensar que se trata de votantes que simpatizan por *equis* partidos pero que no se identificaron con los candidatos presidenciales de esos mismos partidos. Llama la atención que los votos por diputados y senadores se mantengan en el mismo rango, mientras que se distancian (y mucho) de los votos por presidente. El PAN y el PES fueron, en ese sentido, los que menos diferencias mostraron. PAN 17.65%, 18.09 y 17.94. PES 2.7, 2.42 y 2.37[37].

El mapa de las gubernaturas sufrió un vuelco profundo, pero dado que sólo se elegían nueve nuevos ejecutivos, las transformaciones no parecen tan drásticas. Los candidatos de la coalición en torno a Morena gobernarán cinco entidades: Ciudad de México, Morelos, Tabasco, Chiapas y Veracruz. Las tres primeras eran gobernadas por el PRD, y las otras dos por el PVEM y el PAN. La coalición en torno al PAN gana tres. Mantiene Guanajuato y Puebla y gana al PRI Yucatán. Movimiento Ciudadano triunfa en Jalisco, antes gobernado por el PRI. Al final el PRI seguirá encabezando doce estados, el PAN once y medio (por Quintana Roo que ganó en alianza con el PRD), Morena cinco, PRD uno y medio, MC uno y un independiente.

[37] *Reforma,* 9 de julio de 2018.

Fue buena la participación (63.4%). Similar a la de 2000 (63.97) y la de 2012 (63.08), por encima de la de 2006 (58.55) y más baja que la de 1994 (77.16). Millones de ciudadanos se han apropiado de ese derecho, lo ejercen y expresan a través de él adhesiones, simpatías, ilusiones. El voto sigue demostrando que es una herramienta para castigar y premiar, para remover gobiernos y dar paso a otros. Sobraría decirlo, pero la alternancia ha sido posible porque México construyó, desde hace un buen rato, un sistema democrático. Con muchísimos problemas, pero democrático. Estas últimas aseveraciones semejan una necedad, pero es necesario insistir porque a pesar de los fenómenos de alternancia, de un mundo de la representación plural y cambiante, del alza y baja de los partidos, no faltan aquellos que piensan que todo ello es accesorio y no consustancial a un régimen democrático.

México transitó de un sistema de partido hegemónico (1929-1988) a otro plural cuyo eje lo formaban básicamente tres partidos (1988-2012) y por un momento pareció que el pluralismo se fragmentaba aún más (2015). ¿Estaremos mutando hacia un sistema de partido predominante? No lo podemos saber porque una elección –dado los cambiantes humores públicos– no resulta definitiva para ello.

Lo cierto, sin embargo, es que la vida política por venir transcurrirá en coordenadas nuevas. Será interesante observar cómo se comportan los contrapesos estatales y societales construidos en las últimas décadas. Por lo pronto, el nuevo Presidente arrancará su gestión en una relación con el Congreso más favorable que la de sus antecesores. ¿Qué sucederá, sin embargo, con la Corte, los gobernadores, los organismos autónomos? Y fuera del entramado estatal ¿cómo reaccionarán las agrupaciones de empresarios, los medios de comunicación, las redes sociales, las asociaciones civiles y laborales, las organizaciones no gubernamentales? Veremos.

EL PRAGMATISMO

Quizá uno de los rasgos más pronunciados del nuevo escenario sea el del pragmatismo. Y creo que debemos intentar reconstruir su lógica.

1. La fragmentación política estaba ahí antes de la reciente elección. Resultaba una realidad del tamaño de una catedral. Lejos estábamos del sistema de partido hegemónico; y también parecía un asunto del pasado el tripartidismo que impulsó y emergió de la transición democrática. En esa última época siempre existieron otras formaciones políticas, pero lo fundamental fue procesado por el PRI, PAN y PRD. La escisión en la izquierda y la fundación de Morena, la caída relativa de la votación por el PRI y el PAN, la emergencia regional de algunos partidos nacionales y las candidaturas independientes venían dividiendo mucho más el espectro de las fuerzas competidoras. Todas y cada una de ellas sabía o creía saber que solas no podían ganar. (Ya sabemos que luego de los acontecimientos todos somos más perspicaces.) De ahí la forja de coaliciones. Tuvimos tres, cada una de tres partidos. El nombre del juego, en ese primer movimiento, fue sumar. Parecía un dictado de la fragmentación.

2. Pero para ello fue necesario reblandecer los planteamientos, los programas, incluso las señas de identidad ya que lo importante, lo estratégico, era generar adhesiones. Visto desde cierta perspectiva, ello nos ilustra que quedaron atrás los partidos marcadamente ideológicos, encerrados en sí mismos, autoproclamados como

poseedores de la verdad, la virtud y/o el código del futuro. Todos fueron capaces de abrirse a los otros, de asimilarlos, conjugarlos, en una palabra, sumarlos. Fue la cara virtuosa.

3. La otra cara es que pareció que en nuestra noche "todos los gatos eran pardos". Dado que las corrientes de pensamiento y los referentes ideológicos fueron remplazadas por idearios eclécticos elementales, cada quien vio lo que quiso ver, cada quien les atribuyó cualidades o defectos a las distintas coaliciones, porque para sumar los partidos generaron una nebulosa de ideas, de nociones, de *jingles* y de personajes buenos para todo y nada. Los partidos, así, son eficientes plataformas de lanzamiento electoral pero difícilmente pueden ordenar y ofrecer sentido al debate público. Se vuelve invisible e inasible lo que está en disputa, salvo los nombres de las personas que quieren ocupar cargos públicos.

4. No fue casual entonces que en el centro de la atención se encontraran los candidatos presidenciales. No sólo por la relevancia del cargo, que resulta innegable, sino porque los votantes al no poder emparentarse con plataformas políticas acaban identificándose con individuos en torno a los cuales se forjaron constelaciones amplias, amorfas, pragmáticas, oportunistas. Fueron los candidatos, sobre todo los presidenciales, los que cohesionaron, unieron, ofrecieron sentido. Los circuitos de deliberación de los partidos parecieron taponados si no es que fueron inexistentes, y la "verdad" fue revelada por el líder que encabezó y sirvió de argamasa a la coalición. No resultaron colectivos deliberantes sino constelaciones verticales que generaron jefes indiscutidos y súbditos.

5. ¡Vamos, una dosis de pragmatismo a nadie le hace mal! Es quizá una de las condiciones para que la diversidad política pue-

da coexistir, máxime cuando ninguna formación partidista, por sí misma, puede aspirar a ganar la mayoría de adhesiones ciudadanas. Pero al relajarse, hasta casi desaparecer, los filtros políticos e ideológicos (por no hablar de los éticos, que hoy resuenan como asunto del pasado remoto), pareció que todo era válido con tal de alcanzar el éxito.

6. Vivimos una temporada extraña, llena de sorpresas. Plagada de realineamientos, de tránsitos de un partido a otro, de resucitados que no estaban muertos, sino que andaban de parranda, de mutaciones súbitas. A diferencia del anuncio aquel que llamaba a la moderación: "todo con medida", ahora la consigna pareció ser "todo sin medida". Lo cual dejó, entre algunos, un gusto salobre.

En una palabra, el "juego" empezó por la necesidad de sumar y acabó en el pragmatismo más grosero. Y el punto es que no parece ser un fenómeno sólo mexicano.

En el mundo parecen soplar vientos nuevos y preocupantes en materia político-electoral. No son fenómenos que aparezcan de un día para otro, no se trata de sucesos inéditos, son más bien procesos inacabados, contradictorios, inestables, pero que se pueden apreciar en diferentes latitudes. Suceden ante nuestros ojos y modifican las coordenadas de la disputa y aunque no se reproducen en estado puro vale la pena tomarlos en cuenta.

1. La fuerza ordenadora de las ideologías parece ir a la baja. Las grandes corrientes de pensamiento que llegaron a forjar una especie de subculturas se encuentran debilitadas. Conservadores, liberales, democristianos, socialistas, comunistas, no han desaparecido pero su gravitación e irradiación social es declinante. Han tenido que conjugarse con otros idearios, flexibilizarse, abrirse y recibir el aliento productivo de otros marcos conceptuales. La cara positiva

es que las agrupaciones políticas ya no semejan fortalezas inexpugnables incontaminadas, el otro rostro, es que para el ciudadano común resulta cada vez más difícil orientarse entre las diferentes ofertas que aparecen y se recrean en el escenario de la política.

2. Por ello también las identidades son más débiles. No es que no existan, ni mucho menos, pero se han reblandecido. Izquierdas y derechas, para hablar en términos convencionales, siguen siendo grandes constelaciones con sus magnos y pequeños matices. Y en cada tema de la agenda política aparecen y reaparecen. Pero hoy se puede ser de "izquierda" y estar en contra de una política fiscal progresiva y redistributiva o ser de "derecha" y plantear el ingreso básico universal e incondicional. Las identidades se vuelven porosas y las convergencias y divergencias en la arena política resultan fluidas y cambiantes.

3. El pragmatismo se encuentra al alza. Dado lo anterior no resulta extraño que sea quizá la ideología dominante. Un poderoso nutriente se encuentra en el código genético de la mecánica democrática: si de lo que se trata es de lograr el mayor número de adhesiones, entonces decirle al "respetable" lo que éste quiere oír resulta una estrategia "inteligente". No es casual que existan muy pocos políticos dispuestos a navegar contra la corriente… de opinión. Les resulta, desde su mirador, costoso e improductivo. Más bien tienden a mimetizarse con las pulsiones dominantes. Y si ya de por sí la ideología y la identidad son más bien borrosas, entonces el pragmatismo encuentra escasos obstáculos para desplegarse.

4. Las personas parecen más importantes que los partidos. Aunque las primeras requieren de los segundos, la mala fama de éstos hace que en el centro se coloque la personalidad, las cualidades (reales o inventadas) y las destrezas de la persona.

Margaret Thatcher, François Mitterrand, Felipe González, Willy Brandt, Emmanuel Macron, Donald Trump, tan radicalmente diferentes entre ellos, expresan "mejor" las necesidades de identificación de los votantes que sus propias organizaciones. Esa política personalista es producto y al mismo tiempo refuerza los puntos anteriores.

5. Existe una tendencia marcada a la simplificación. La virtud del "juego" democrático es que los representantes deben ganar la voluntad de los representados. Pero esa virtud se convierte en su contrario cuando para atraer el voto se acuñan, de manera reiterada, fórmulas simplistas que impiden la comprensión cabal de los problemas. Esa tendencia se subraya por la existencia de las nuevas redes sociales en las cuales la frase afortunada, el calificativo pegador, la fórmula feliz, substituyen a los diagnósticos complejos. Parecería que nadie tiene tiempo ni disposición ni ganas de enredarse en sofisticados análisis; más bien la demanda es de chisteras de mago de los cuales deben salir no sólo conejos, sino soluciones instantáneas y perpetuas.

6. Todo lo anterior impacta a eso que en el pasado se llamaba contexto intelectual. Identidades e ideologías declinantes, ascenso del pragmatismo y el personalismo, más una marcada tendencia a la simplificación, angostan el eventual papel de las elaboraciones fundadas. Los diagnósticos y propuestas complejos no solo se topan con un espacio estrecho, sino que en ocasiones sus portadores optan mejor por el alineamiento acrítico. Con ello, el círculo parece cerrarse.

El tema incluso se puede ver desde otro mirador. Podemos preguntarnos ¿por qué tantos deportistas profesionales y actores y actrices soy hoy candidatos a cargos de elección popular? No es sólo un fenómeno nacional. Ahí están Beppe Grillo, el comediante fundador del Movimiento 5 Estrellas en Italia, Jimmy Morales presidente de Guatemala y antes figura de la televisión o Arnold Schwarzenegger, el forzudo que fue gobernador de California, por no hablar de Ronald Reagan.

Futbolistas, luchadores, cantantes, similares y conexos, tienen derecho a ocupar cargos electivos. En democracia, se supone, no existen cotos de representación vedados. Por el contrario, ejerciendo sus derechos pueden aspirar legítimamente a ser electos a la diversidad de puestos que se ponen en juego en los procesos comiciales. Y no será extraño que alguno de ellos pruebe que tiene cualidades sobradas para ocupar el cargo.

Algunos, sin embargo, no son más que "fauna de acompañamiento", rostros y nombres conocidos que aparecen en la boleta o en diversas planillas con escasas posibilidades de ganar, es decir, adornos que prestan su rostro y sonrisa por un rato (y quizá por unos pesos); pero, hay otros que acabarán siendo diputados, presidentes municipales e incluso senadores y hasta gobernadores. Es decir, que, como cualquier grupo humano, algunos son utilizados por otros y los demás han encontrado en la actividad política una auténtica y eficiente plataforma de lanzamiento para sus respectivas carreras.

Tampoco resulta del todo novedoso. En los lejanos tiempos del partido hegemónico, invariablemente aparecía como candidato y luego como diputado algún locutor, actor o boxeador. Siempre había un lugar para alguien famoso apreciado, una figura "no política". Lo nuevo, sin embargo, es la magnitud del fenómeno. Al parecer las candidaturas para la gente del espectáculo se multiplican.

El fenómeno es revelador tanto del estigma que acompaña a los políticos profesionales como de un nuevo tipo de reclutamiento de candidatos.

El descrédito de los políticos tradicionales está ahí, imponente, como un rinoceronte a la mitad del comedor. La imagen prevaleciente, extendida y arraigada, es la que convierte en sinónimo de corrupción e ineptitud a todos los políticos. Y por supuesto que hay evidencia suficiente de que no pocos lo son; pero la noción se ha expandido de manera falaz como si todos y cada uno de ellos lo fuera. Forma parte del discurso antipolítico en boga en todo el mundo y que está acarreando algo más que derivaciones perversas (ver, como si hiciera falta, el caso Trump). Además, flota en el ambiente la idea de que los problemas (innumerables) son responsabilidad (casi) exclusiva de quienes ocupan cargos públicos. Un mecanismo elemental pero bien aceptado que ante cualquier dificultad encuentra invariablemente unos culpables: los políticos. De tal suerte que "las estrellas" de la farándula aparecen, para muchos o algunos, como un refresco, como una inyección de novedad y hasta de esperanza.

Pero quizá el nutriente más potente del reclutamiento de famosos sea que la política se está convirtiendo cada vez más a los códigos del espectáculo. Los diagnósticos medianamente sofisticados y propuestas complejas parecen difuminarse en el marco de una política sobrecargada de ocurrencias, frases efectistas y recursos propios de la mercadotecnia. No es que diagnósticos y propuestas no existan, por el contrario, los equipos de los candidatos se esmeran en afinarlos e incluso en socializarlos, pero no logran adquirir centralidad en el debate público. En ese ambiente ser conocido ofrece ventajas. La visibilidad pública, la popularidad, se convierten en un capital político y como tal puede ser explotado. Las nuevas formas de reclutamiento pasan cada vez menos por conductos políticos y filtros ideológicos y lo más relevante es el "reconocimiento" de los candidatos, el porcentaje de entrevistados que dicen conocer al mentado o la mentada, y por supuesto que las estrellas del deporte y el espectáculo llevan primacía. Si a ello sumamos el adelgazamiento del debate, la política como carnaval de bufonadas, la banalización sistemática de los asuntos públicos y el potente reblandecimiento de las coordenadas intelectuales, entonces la mesa para las figuras de la farándula está puesta.

EL NUEVO MAPA DE LA REPRESENTACIÓN Y ¿UN NUEVO SISTEMA DE PARTIDOS?

Lo nuevo es el mapa de la representación. Tendremos un Presidente legítimo que logró, como decíamos al inicio, el 53 por ciento de los votos. Lo acompañará un Congreso en el cual su coalición electoral tendrá la mayoría absoluta de los asientos en ambas Cámaras. Tendrá que convivir con gobernadores de distintos partidos. Morena "sólo" gobernará en cinco estados, aunque logró la mayoría de la representación en 19 congresos estatales. Un crecimiento espectacular y un decrecimiento también espectacular de los tres partidos que impulsaron y fueron los beneficiarios de la transición democrática. Algunos han señalado que vamos en camino de un nuevo partido predominante. Creo que es temprano por lo menos para afirmarlo con entera certeza. Y mucho dependerá de lo que hagan o dejen de hacer los otros partidos. Es posible que Morena, en efecto, intente expandirse. Lo cual es natural. Pero sus posibilidades de éxito en esa materia dependerán de la propia gestión gubernamental de Andrés Manuel López Obrador, de lo que hagan sus gobernadores y grupos parlamentarios, pero sobre todo de la atención o no a los graves y grandes problemas nacionales que expusimos de manera sintética al inicio.

Digámoslo con una fórmula tradicional: el futuro está por escribirse. Y no es bueno confundir un evento (por más relevante que sea) con un proceso o una tendencia.

Morena tiene la ventaja de que será gobierno y es percibido como una fuerza en crecimiento. Ello ejercerá un fuerte poder de atracción dado que el oportunismo parece ser la corriente predominante entre nosotros. Pero sus retos son espectaculares. No es lo mismo ser oposición que gobierno, y ahora los problemas que desgastaron a las anteriores administraciones deberán ser gestionados por el nuevo gobierno. Por supuesto que si la nueva administración es capaz de frenar y combatir la corrupción, si logra restablecer la seguridad perdida, si construye un horizonte menos ominoso para los jóvenes que por millones se incorporan al mundo laboral sin encontrar espacio en el mundo formal, si puede atemperar las oceánicas desigualdades que escinden a México, y si al mismo tiempo fortalece el Estado de derecho y las rutinas democráticas, es muy probable que su base de apoyo se incremente. Pero si no –o si no se percibe de esa manera– puede sufrir un desgaste similar al de sus antecesores.

De igual manera, el futuro de las oposiciones dependerá tanto de lo que ellas mismas hagan o dejen de hacer, como de los logros o fracasos del nuevo gobierno (perogrullada si las hay). Los tres partidos fundamentales que protagonizaron la transición democrática del país y que fueron sus principales usufructuarios por casi treinta años, se encuentran en serias dificultades. Quizá el que está en la mejor posición relativa sea el PAN. Tiene entre once y doce gobernadores, un tercio de los del país; contará con las bancadas de oposición más grandes en el Congreso y tiene una larga tradición y fuertes vínculos con franjas importantes del electorado. Pero al igual que el PRI y el PRD su futuro depende de la cohesión que puedan forjar, dadas las profundas tensiones que cimbran a las tres formaciones políticas, y por supuesto, de la suerte que correrá el nuevo gobierno. En esa dialéctica se forjará el nuevo sistema de partidos.

Los otros tres partidos tienen situaciones distintas: Movimiento Ciudadano parece más que implantado en Jalisco y eventualmente puede crecer en otros estados; el PVEM perdió su bastión en Chiapas y nadie conoce a ciencia cierta cuál será su comportamiento frente al nuevo gobierno, y el PT, a punto de desaparecer hace tres años, en 2018 logró una alta votación gracias a su alianza con Andrés Manuel López Obrador. Por todo ello, será necesario observar la evolución de los acontecimientos antes de pontificar como si se conociera el porvenir.

¿EL FUTURO?

No obstante, existe una dimensión crucial para intentar otear el futuro no sólo de nuestro sistema de partidos sino de la vida política nacional.

El próximo Presidente logró su triunfo gracias a su prolongada visibilidad pública como opositor a los sucesivos gobiernos; su vena popular de la que carecieron sus contrincantes; sus formula-

simplistas, refractarias a asumir la complejidad, pero alta-mente "pegadoras"; pero también por el hartazgo producto de fenómenos, como ya apuntábamos, de corrupción reiterados, de la expansión de la inseguridad y la violencia, de la marcha de una economía que es incapaz de ofrecer un horizonte medianamente promisorio a millones de jóvenes y de una desigualdad social que se vive con absoluta insensibilidad por parte de las élites; y a ello debemos sumar una percepción extendida y elemental que coloca toda la responsabilidad de las carencias y rezagos en la mal llama-da clase política ("ya fallaron los otros, le toca a él").

Me preocupa, sin embargo, su resorte autoritario. En cada oca-sión que una institución o individuo discrepan de sus opiniones o iniciativas la descalificación se produce en automático. A nadie le gusta ser contradicho, pero la reacción de AMLO nunca toma en cuenta lo expresado (las razones) sino los supuestos intereses y motivaciones "inconfesables" de sus adversarios. Ha descalifica-do en distintas ocasiones a la Corte y a bancadas de legisladores, a empresarios y comentaristas, a publicaciones y agrupaciones ci-viles, por el simple hecho de apartarse de sus puntos de vista. Y por supuesto que se puede y debe debatir con ellos. No existe ni debe existir institución o actor intocable. Pero su método no con-siste en rebatir los argumentos, en colocar mejores diagnósticos sobre la mesa, en matizar o desmontar las aseveraciones de sus contrarios, sino en la descalificación de bulto, colocándolos en un cajón de sastre que si no fuera ominoso sería risible: "la mafia en el poder". Lo que "descubre" son presuntas intenciones aviesas, jamás se detiene a pensar que pueden ser saberes e intereses legí-timos. Educado en un arcaico código autoritario que establece que hay momentos para obedecer y otros para mandar, durante varias décadas asumió lo primero y desde hace algunos años no activa más que el resorte de ordenar. Una conducta renuente a la deliberación, incapaz de apreciar los valores de la disensión.

Ahora bien, no llegará a un espacio vacío sino a un escenario con contrapesos. Un mundo institucional muy diferente al de –digamos– los años setenta del siglo pasado. Existe una Corte independiente, un Congreso donde se reproduce la pluralidad, aunque ahora de manera asimétrica, gobernadores de diferentes partidos y coaliciones para no hablar de los presidentes municipales y algunos congresos locales. Y si a ello sumamos unos medios de comunicación que han ampliado sus márgenes de libertad, las agrupaciones empresariales, el rosario de organizaciones de la sociedad civil, más las redes e incluso las muy debilitadas asociaciones de trabajadores, el nuevo Presidente tendrá restricciones reales, funcionales y potentes para el ejercicio de un eventual poder autoritario. Se trata del laberinto democrático construido en las últimas décadas y que a algunos nos parece venturoso, aunque otros no lo valoren de la misma manera.

No obstante, desde otra esquina se puede decir que esos contrapesos pueden ser vencidos; son débiles, novísimos (en términos históricos) y existe la posibilidad de una reconstrucción absorbente de la presidencia. No sólo por el talante del nuevo Presidente, sino porque dado el reblandecimiento de los partidos e identidades y el papel central que está asumiendo el personalismo, acompañado de un robusto pragmatismo (en la coalición "Juntos Haremos Historia" estuvieron presentes el PES y el PT), puede reactivarse la corriente mayoritaria, la del oportunismo, que puede ponerse a las órdenes del nuevo "jefe". Legisladores, gobernadores y presidentes municipales junto con grupos empresariales, asociaciones civiles, medios de comunicación que decidan alinearse, por conveniencia, con el flamante "Jefe de Estado". Y ello, por supuesto, no presagiaría nada bueno. Por lo menos en términos democráticos.

Configuraciones, núm. 47, mayo-agosto 2018.

Los retos del sistema político[38]

RECORDEMOS PRIMERO: APOYADO POR UNA ALIANZA DE tres partidos (Morena, PT y PES), Andrés Manuel López Obrador obtuvo el 53.1% de los votos para la presidencia. Ha sido el triunfo más rotundo y holgado desde que en México vivimos elecciones competidas. El malestar con la vida política tradicional, alimentado por fenómenos de corrupción, inseguridad, falta de crecimiento económico y debilidades del Estado de derecho, fue el "caldo de cultivo" que permitió un crecimiento espectacular de la candidatura de AMLO. La explotación del temor al cambio que en su momento fue un dique importante (2006) hoy no funcionó. El hartazgo encontró una opción para expresarse y construyó una victoria incuestionable. No obstante, esos resultados han sido leídos, por algunos, como si se tratara de un alud que sepultó al resto de las opciones políticas. Y (creo que) por el momento no es así, o por lo menos la situación demanda una serie de matices. Veamos.

En el Congreso Morena tendrá mayoría absoluta de asientos, lo que no sucedía desde 1994. Eso, sin duda, ofrece de inicio una

[38] Para estas notas retomo algunos artículos míos publicados en el *El Universal*.

gran ventaja al nuevo Presidente, pero vale la pena detenerse en cómo se llegó a eso. Morena obtuvo para el Senado el 37.5% de los votos y para diputados el 37.25. Es decir, los ciudadanos no le dieron la mayoría absoluta, pero al colocar candidatos propios en las listas y los distritos del PES y el PT para la Cámara de Diputados logró trascender el límite de ocho puntos porcentuales que establecen la Constitución y la ley entre votos y escaños. Como aun así no consiguió la mayoría absoluta, pactó la transferencia de diputados del Partido Verde hacia su bancada. Es decir, los votantes no le otorgaron a Morena la mayoría absoluta de los sufragios, fueron las debilidades de las normas explotadas de manera inescrupulosa por la coalición "Juntos Haremos Historia", más un pacto político, lo que convirtieron a una mayoría relativa de votos en una mayoría absoluta de escaños.

Si a ello sumamos que por lo pronto Morena tiene sólo cinco gobernadores y que ganó aproximadamente el 20 por ciento de las alcaldías en disputa (aunque muchas de las más importantes), habría que contener el resorte que habla de un nuevo partido hegemónico. Cierto, también logró la mayoría congresual en 19 estados lo que claramente habla de una fuerza emergente y expansiva, pero, habrá que esperar que depara el futuro.

Morena puede seguir creciendo y volverse un partido predominante, pero ello dependerá, como bien sabe Perogrullo, de los resultados de la gestión de su gobierno y de lo que hagan o dejen de hacer los partidos que hoy serán de oposición. Es decir, por boca de Perogrullo 2, el futuro está por escribirse.

Pero desde mi muy particular punto de vista lo fundamental es que flota en el ambiente una añoranza por el verticalismo, la disciplina, el mando único, más que peligrosa, junto con un discurso antipolítico más que arraigado que tampoco presagia nada bueno. Para ilustrar esto último acudo a dos ejemplos expresivos.

EL ESTADO Y SUS FUNCIONARIOS

Todo parece indicar que para el próximo gobierno existe algo así como una bestia negra: las instituciones estatales y sus funcionarios. No es una pulsión excéntrica. Todo lo contrario. Está montada en una potente ola de opinión pública que se nutre, por lo menos, de lo siguiente:

1. Los documentados casos de corrupción, los abusos en los gastos y prestaciones de algunos funcionarios, la existencia de personas que cobran sin trabajar, el despilfarro de recursos, las ostentaciones sultánicas y súmele usted.

2. Una corriente de pensamiento que ha llegado a la conclusión de que las instituciones estatales son más un inconveniente que una palanca para la solución de los problemas. Se trata de aquella tendencia que demanda un Estado mínimo, encargado de la seguridad y apenas algo más, que imagina que las sociedades modernas pueden autorregularse a través de los mecanismos de mercado y que iniciaron hablando de una economía de mercado y acabaron idealizando una imposible, por disruptiva, sociedad de mercado.

3. Una actitud más que instalada que ante cualquier problema, dificultad o incluso catástrofe encuentra de manera inercial un culpable fácil de ubicar: el Estado y su parafernalia incapaz. Y no se trata de relevar de responsabilidades a los órganos estatales, sino de subrayar que un "facilismo" en el pensamiento, un resorte mecánico más que aceitado, prescinde de cualquier acercamiento medianamente complejo a los problemas, para señalar

153

al culpable de culpables: el Estado. Ese resorte resulta eficiente en el periodismo, la academia e incluso en las relaciones sociales. Todos somos críticos del Estado. Estamos, como diría Tony Judt, conformes con nuestro infantil inconformismo.

Así, realidades aciagas colosales, una ideología expansiva y un resorte de pensamiento bien lubricado generan un potente prejuicio. Quizá también alimenta esa reacción una mal entendida austeridad que confunde la misma con una especie de flagelación. Una purga para los perjuros. Un espíritu franciscano que confunde pobreza con virtud. Escribí quizá.

El problema mayor es que se trata de una imagen parcial, incompleta, distorsionada. Buena, quizá, para un cierto sentido común más que instalado. Pero que puede resultar contraproducente incluso para quienes la están impulsando. Está montada en prejuicios más que en el conocimiento específico de lo que sucede en las dependencias públicas. (Diferente sería que luego de evaluaciones particulares, sustentadas e incluso públicas se optara por reducir las adiposidades). Porque todos sabemos o deberíamos saber la importancia de las tareas que tienen asignadas las muy diversas dependencias públicas y de la labor profesional, eficiente y cumplida que desempeñan miles de funcionarios de muy diferente rango en todos los niveles de aparato público. Los que trabajan y lo hacen bien. Por desgracia, éstos y sus tareas no tienen visibilidad pública y al parecer, tampoco demasiado aprecio social.

Todo parece indicar que se cortará antes de conocer y evaluar. Para los funcionarios de alto nivel: el despido o en el mejor de los casos, la reducción del salario. Para los trabajadores de base o del famélico servicio civil, la amenaza de su desplazamiento

hacia otras ciudades, y para todos, el incremento de la jorna
de trabajo de 5 a 6 días laborables. No es casual, entonces, la
incertidumbre y el malestar que se vive en las oficinas públicas.
Quienes las encabezarán parecen tener un inercial desprecio por
los que serán sus compañeros de trabajo. Recuerdan al tipo al que
le fue amputada la pierna porque tenía una uña enterrada. Cierto,
la uña causaba un punzante malestar, pero el remedio resultó más
oneroso que la enfermedad.

Por esa vía una cosa parece segura: miles de trabajadores y sus
familias van a resentir esa política. Y es posible, además, que la
calidad de algunas tareas y servicios se vea mermada. Porque el
conocimiento y las destrezas acumuladas no se pueden substituir
con las artes de la retórica y la magia. Preocupa que las instituciones puedan disminuir su eficacia y eficiencia.

LOS PREJUICIOS ANTIPARTIDOS

Se anunció que la bancada de Morena en el Senado presentó una
iniciativa para modificar la Constitución de tal forma que el financiamiento público a los partidos políticos se reduzca en un 50 por
ciento. La fórmula es sencilla: en lugar de multiplicar el número
de ciudadanos inscritos en el padrón por el 65 por ciento de la
"Unidad de Medida de Actualización", la UMA (que substituyó
como referente al salario mínimo), solo se multiplicaría por el
32.5 por ciento. Fácil.

No hay nada que suene mejor a los oídos del respetable. Y es
incluso probable que los partidos que resultarán más afectados,
sintiéndose contra las cuerdas, acaben "nadando de muertito". No
resulta sencillo contradecir a esa ola informe pero potente cono-

cida como opinión pública. Los partidos pasan por un abismal descrédito, y cuando a ello se suma el asunto del dinero, y además público, la reacción no puede ser más adversa. "¿Dinero público a los partidos? Mejor que se rasquen con sus propias uñas". Buena parte de los prejuicios antipolíticos se encuentran concentrados en esa reacción. Adelantémonos a la conclusión: por supuesto que se puede modificar la Constitución, por supuesto que se puede realizar un ajuste a la baja a las prerrogativas de los partidos, pero no es conveniente dar la espalda a sus eventuales efectos políticos.

Quizá sea necesario volver al a, b, c. No hay democracia posible sin partidos, es decir, sin esas figuras "horribles", pero al mismo tiempo grandes agregadores de intereses, ordenadores de la vida política, referentes del litigio en el espacio público, procesadores de ambiciones. Y no hay política que no requiera dinero. Y sólo existen dos grandes fuentes lícitas: el dinero privado y el público. Cuando en 1996 la legislación estableció que el dinero público sería preeminente en relación al privado se buscaba en primer lugar equilibrar las condiciones de la competencia. En los comicios federales de 1994 los votos se habían contado de manera precisa y limpia, pero la contienda había estado marcada por una formidable desigualdad de recursos, por ello era necesario construir condiciones medianamente equitativas, y el dinero público serviría para eso (como realmente sucedió). Además, se argumentó entonces, ese financiamiento es por definición más transparente que el privado (sabemos cuánto y cuándo se entregan esos recursos a los partidos) y él mismo, debería ayudar a que esas figuras centrales de la política no se convirtieran en rehenes de los grandes grupos económicos o peor aún, de las bandas delincuenciales.

Esos tres objetivos siguen vigentes y son los que justifican la necesidad de un financiamiento público significativo. Pero hay algo más.

No se descubre nada si se afirma que la mayor parte del financiamiento público (el 70 por ciento) se otorga de acuerdo al número de votos que los partidos obtuvieron en la última elección federal. Los resultados favorecieron a Morena y a partir de ahora será el principal beneficiario del financiamiento público como ayer lo fueron el PRI o el PAN. Pero los montos del pasado (que todavía es presente), servían para que los partidos minoritarios tuvieran una plataforma de recursos nada despreciable que los hacía competitivos. ¿El recorte planteado no significará un rudo golpe a lo que costó tanto trabajo construir, es decir, condiciones medianamente equitativas para la competencia? ¿No tendrá como derivación perversa una "jibarización" (disminución) de los partidos opositores? ¿O será que los partidos en el gobierno no tienen de que preocuparse? Recordemos que Angelo Panebianco, en su libro *Modelos de partido*[39], entre resignado y realista, apuntaba que "el hecho de disponer de los recursos públicos que el control del Estado pone en (sus) manos", hace que no requieran nada más.

Se trata de dos ejemplos que pueden impactar tanto al sector público como al sistema de partidos en un sentido negativo e incluso fomentar cierta desinstitucionalización[40].

Pero quizá la preocupación fundamental sea la que a continuación intento presentar.

[39] Alianza Editorial, Madrid, 1990.
[40] Se podría ejemplificar también con la consulta del aeropuerto, realizada antes de que se instalara la nueva administración y sin marco normativo alguno o con el levantamiento de un censo de eventuales beneficiarios de los programas sociales,

Sistema de balanzas

Todos lo sabemos: en los últimos años el gobierno dejó de ser lo que era y gobernar se convirtió en un asunto más complejo. No es una peculiaridad mexicana, parece (casi) universal o por lo menos recurrente ahí donde existen regímenes democráticos.

En nuestro caso el proceso democratizador fue equilibrando los poderes constitucionales, aunque el Ejecutivo nunca ha dejado de tener preeminencia; se crearon instituciones estatales autónomas cuyas encomiendas debían sustraerse del litigio partidista; se expandieron los márgenes de libertad de los medios de comunicación; surgieron y se asentaron un buen número de agrupaciones no gubernamentales con reivindicaciones propias; los organismos empresariales decantaron sus propuestas y pretendieron convertirlas en hegemónicas; las redes sociales están modificando el contexto del debate y acotando el circuito de las instituciones públicas (y privadas); los acuerdos internacionales modulan posibilidades y erosionan cualquier idea hipersoberanista y los organismos multilaterales, sus consejas y calificaciones, no pueden ignorarse.

Esas realidades entre nosotros derivan del tránsito democratizador y son en términos históricos auténticas novedades, y otras son impuestas por el contexto internacional. Pero lo cierto es que hacen más laberíntica, compleja y difícil la función de gobierno. Pero también menos discrecional y menos caprichosa. Se supone que ese fraccionamiento del poder reclama sumar voluntades y

realizado desde el "mundo privado", fuera de cualquier institucionalidad y sin sustento legal. Sobre esto último es recomendable el artículo de Rogelio Gómez Hermosillo, "¿Para que realiza AMLO un "censo"?, *El Universal*, 23 de octubre de 2018.

esfuerzos y limita las posibilidades de imponer; hace más tortuoso el circuito de la política y en particular la toma de decisiones, pero tiende a evitar la improvisación y las ocurrencias; puede resultar más lento, pero reclama deliberación e inyecta certezas.

Esas novedades, esas inéditas relaciones entre Estado y sociedad y en el propio laberinto de las instituciones estatales, hay que celebrarlas. Son el resultado de los esfuerzos de diversas generaciones, agrupaciones, partidos, movimientos, gobiernos, congresos, que deseaban transitar del autoritarismo a la democracia. No obstante, la percepción de ese sistema de contrapesos quizá no goza de buena fama porque se reproduce en un contexto de marcada insatisfacción con el mundo de la política: la corrosiva corrupción, la inseguridad creciente, la falta de horizonte para millones de jóvenes, el deficiente crecimiento económico, la injusta justicia y otras, hacen que esas construcciones venturosas no sean aquilatadas. Es más, son despreciadas por no pocos.

Ojalá me equivoque, pero parece flotar en el ambiente una insensata añoranza por un mando único y unificado. Una nostalgia por la política "ordenada" y vertical, con escasa deliberación pública y mucha disciplina, sin problemas de gobernabilidad (en el sentido estrecho), es decir, sin obstáculos para que se despliegue la voluntad del Presidente. Se trata de una pulsión que no sólo aparece desde el poder sino también desde la sociedad. Una noción que quisiera simplificar la política, deteriorar el poder de las entidades autónomas o no alineadas, con agendas, intereses y reclamos propios y que tiene puentes de comunicación eficientes con un pasado que nunca desapareció del todo.

¿Qué sucederá? Nadie puede saberlo o por lo menos, nadie puede saberlo con certeza. Porque ello dependerá de que lo construido en los últimos 30 años sea resistente. Y por lo pronto lo que cualquiera puede apreciar es que, así como algunas personas, organizaciones e instituciones parecen prontas a formarse en los hábitos de la sumisión, otras más desean preservar sus agendas, libertad y capacidad de disenso. Y su fuerza e implantación no es artificial. Se nutre de esa sociedad diversificada a la que llamamos México.

El temor es que lo que tanto costó al país construir, una germinal democracia, con su sistema imperfecto de balanzas, por falta de comprensión y valoración y acicateado por un malestar abrumador con los sujetos e instituciones que hacen posible la coexistencia del pluralismo, lleve a "tirar al niño con el agua sucia".

UN CONTEXTO INTERNACIONAL PREOCUPANTE

Por último, el contexto internacional es ominoso. No pongo a México y su próximo gobierno en el "saco" siguiente, pero no podemos dejar de apuntar que pulsiones hasta hace apenas unos años marginales o deslegitimadas, ahora logran atraer millones de adhesiones.

Trump en Estados Unidos, Duterte en Filipinas, Bolsonaro en Brasil. Países marcadamente diferentes y liderazgos que se emparentan: misóginos, racistas, autoritarios (dictatoriales), homofóbicos y antiilustrados. Personalidades que abominan de las mediaciones que se construyen en los regímenes democráticos, que confunden su voluntad con la voluntad popular, cuyos adversarios son vistos como la encarnación del mal, capaces de construir y expandir "verdades alternativas", es decir, flagrantes mentiras, y además impregnados de un potente sentimiento anticientífico (por ejemplo: el cambio climático –dice nuestro vecino– es una invención).

En sí mismos son preocupantes. Pero resulta mucho más alarmante que logren conectar y representar a millones de sus conciudadanos. Sin ese apoyo serían figuras excéntricas, marginales, incluso anodinas. No obstante, son o serán los presidentes de importantes países y expresan y personifican las pulsiones que están modelando los ambientes anímicos e intelectuales en muy diversas latitudes. Esos liderazgos, además, parecen expansivos, contagiosos y están poniendo a la defensiva lo mucho o poco de lo construido en términos de una cierta convivencia civilizada.

Como ya se apuntó, muchos son los nutrientes del ascenso de esas figuras carismáticas y ostensiblemente ominosas: el malestar con los sujetos e instituciones que hacen posible la democracia (políticos, partidos, congresos, gobiernos), los fenómenos de corrupción reiterados, el discurso antipolítico, las expectativas no cumplidas de amplias capas de la población, las desigualdades de todo tipo que obstaculizan una mínima cohesión social, los errores de sus adversarios, los flujos migratorios que son convertidos en chivos expiatorios de los males que sacuden a los habitantes "originarios", las pulsiones identitarias excluyentes y seguramente hay otras.

Pero quiero destacar una más que, a falta de una mejor denominación, llamaría la derrota de la ilustración. Se trata de la edificación de un espacio público plagado de charlatanería que limita la deliberación informada. Recordemos como en una estampita de las que vendían en las escuelas: la ilustración intentó colocar a la razón como guía del quehacer humano. Una razón asentada en los descubrimientos de la ciencia que ayudara al esclarecimiento de las "cosas". Que apostaba a la educación para remover prejuicios, supercherías y todo tipo de consejas mentecatas. Y que por supuesto, nunca pudo realizarse del todo.

Pero una cosa es no lograr jamás un triunfo decisivo y otra muy distinta ver al aliento ilustrado en retirada, contra las cuerdas, en flagrante minoría. Los regímenes democráticos parecen reproducirse en una atmósfera singular y preocupante: una nube de prejuicios bien arraigados que se alimentan con un debate donde priva la simplicidad y se destierra la complejidad. Donde la emoción impera ("siento que") y acorrala a la razón ("pienso que"), donde engañifas de todo tipo son equiparadas con los conocimientos especializados, donde los dictados ocurrentes corren con mejor suerte que la deliberación instruida, donde verdad, mentira y posverdad (que no es más que una máscara de la penúltima) se confunden. Un teatro audiovisual sobrecargado en donde resulta cada vez más declinante la influencia de la letra escrita, una jerarquización de los asuntos públicos marcada por las rutinas del espectáculo (una boda en el centro de la atención mientras la discusión del presupuesto jamás adquiere visibilidad pública, y sólo es un ejemplo), una sociedad aniñada, caprichosa, narcisista proclive a la indignación moral sin comprensión ninguna del auténtico embrollo de las relaciones sociales.

Y en esa vorágine, la escuela insuficiente, cuando más se le requeriría, pasó de ser estratégica a marginal y exigua en los procesos de socialización; y los medios y las redes con famélica reflexión ilustrada (excepciones aparte) y asimilados a los códigos del entretenimiento. De tal suerte que no parece sencillo salir del laberinto.

Vuelvo al inicio. El futuro no está escrito. En materia política, quiero pensar que el México de hoy, plural, masivo, contradictorio, no cabe ni quiere hacerlo bajo el manto de un solo partido, un solo ideario y un solo liderazgo. Esa es la monumental realidad que requiere de un entramado democrático para que esa diversidad pueda competir y convivir de manera civilizada. Y ello supone, por supuesto, elecciones libres y equitativas, división de poderes, Estado de derecho, ejercicio de las libertades, gobierno acotado por leyes, etcétera, algo que, aunque inacabado e incluso contrahecho, el país empezó a construir hace cuarenta años.

Economía UNAM, núm. 46, enero-abril 2019.

En defensa de la democracia

LAS SIGUIENTES SON NOTAS QUE APUNTAN HACIA UNA ZONA de preocupaciones sobre la salud, fortaleza, debilidades y eventuales futuros de nuestra incipiente democracia. Aparecieron como breves artículos en el diario *El Universal* y me parecen pertinentes para cerrar el recorrido emprendido en estas páginas.

Empecemos por una noción que al parecer es un resorte fundamental en la concepción del Presidente.

UNA IDEA PREOCUPANTE

¿Vamos hacia un sistema político que girará en torno a un sólo hombre, el Presidente de la República? ¿Una especie de sol que ordenará, subordinándolos, a los demás actores en el escenario? No es sólo la pretensión de que en las elecciones para renovar la Cámara de Diputados los ejes se reconstruyan para plantear de manera rotunda "con o contra el Presidente" (es decir, unos comicios federales diseñados para que en el centro del litigio esté el Poder Legislativo colocarán en el foco del debate público la adhesión o no al Presidente), sino una serie de elementos que develan la ambición de disminuir o anular el rol y la influencia de otros poderes y órganos constitucionales y agrupaciones de la sociedad civil.

Enumero sin ningún concierto: "súper delegados" en los estados para, por lo menos, hacer sombra a los gobernadores; reducción de recursos a los órganos públicos autónomos que, según la Constitución, deben estar fuera de la órbita del Ejecutivo; descalificación de las agrupaciones de la sociedad civil a las que se presenta como encarnaciones oligárquicas; acoso retórico a los medios no alineados con el gobierno; disminución del financiamiento público a los partidos; desprecio por el funcionariado profesional de las instituciones estatales genéricamente descalificado por corrupto; colonización de instituciones centrales del arreglo republicano con "fieles" no necesariamente capacitados para la función (el último nombramiento en la Corte). No es un listado exhaustivo, pero (creo) sí expresivo.

Hay por lo menos una idea fuerza que ofrece sentido al abanico de acciones y dichos antes enunciados. Y recordemos, como si hiciera falta, que las ideas nunca resultan anodinas, menos cuando encarnan en posiciones de poder. Las ideas dan pie a discursos y conductas, ofrecen sentido al pasado, a los acontecimientos en curso e incluso pretenden diseñar el futuro. No son triviales y acaban por modular el tipo de poder al que se aspira. Tienen fuerza propia y acaban cincelando a las personas.

Todo parece indicar que el Presidente cree sinceramente que a través de él se expresa el pueblo. Y por supuesto quienes se le oponen, critican o difieren no pueden más que encarnar al anti-pueblo. La idea es sencilla, útil y contundente, ordena los campos y ofrece una épica, inyecta sentido a sus actos y logra cohesionar a sus seguidores que se ven a sí mismos no como agentes de una o unas políticas, sino como militantes de una causa trascendente. El "pequeño" problema es que la idea es una construcción falaz que ha llevado en el pasado y en el presente a la edificación de regímenes autoritarios (de izquierda y derecha). Porque si el pueblo es uno y está unificado, si ya encontró a "sus auténticos representantes" y puede expresarse con una sola voz, ¿para qué es necesaria toda la parafernalia democrática que parte de una premisa que se encuentra en las antípodas de la anterior? Es decir, que en la sociedad existen intereses, ideologías, aspiraciones y sensibilidades distintas y que ellas reclaman fórmulas para su expresión, recreación, convivencia y por supuesto competencia. Ese pluralismo es lo que justifica y genera a los regímenes democráticos y cuando se le niega, bajo el argumento de que el pueblo es una entidad monolítica y que además ya encontró a su pastor, toda la normatividad e institucionalidad que pone en pie la democracia resulta prescindible.

Así, la división de poderes, las facultades acotadas de las distintas autoridades, los tortuosos procedimientos, los contrapesos constitucionales y hasta las libertades y los derechos individuales, pueden aparecer como un obstáculo para el despliegue de la "voluntad popular" que encarna en un solo hombre. De suceder eso –y la esperanza es que la complejidad y diversidad del país sean suficientes para fortalecer los diques a esa pulsión–, la aspiración de unos poderes estatales acotados por el derecho podría deslizarse hacia un poder que ve en el derecho una molestia, un corsé, un antagonista.

A lo anterior hay que agregar el desprecio o la omisión sistemática de lo que en materia democrática se construyó en las últimas décadas y que permitió su propio arribo a la presidencia. Veamos.

LA HISTORIA BORRADA

Que existan diferentes lecturas del pasado es natural. Que la jerarquización de los acontecimientos, las divisiones por períodos, la relevancia de las etapas, sean disparejas e incluso enfrentadas, resulta más frecuente de lo que le gustaría a quienes buscan acuñar versiones únicas y definitivas. Pero que de la historia se borre una etapa que en aspectos fundamentales resultó venturosa, preocupa.

La idea de un pasado forjado por tres grandes gestas –la Independencia, la Reforma y la Revolución– está más que extendida y fue alimentada y consolidada por la escuela. Y por supuesto no es una versión artificial. Sin ellas México sería otro. Su simplificación, sin embargo, que cristalizó en aquellas estampitas que comprábamos para hacer la tarea, resultaba elemental, esquemática, maniquea. Era una historia de buenos y malos, típica de afanes pedagógicos. Es esa versión canonizada y simple –no la historia compleja, contradictoria y hasta ambigua– la que parece alimentar el discurso y la visión del nuevo gobierno. De ahí la autoproclamada Cuarta Transformación presuntamente equiparable a las tres anteriores. Una especie de megalomanía por anticipado: antes de ser y hacer, la coronación publicitaria.

No obstante, temo más a la supresión de etapas importantes y productivas que no son valoradas por el discurso anterior. Una en especial –reciente y que incluso permitió que la actual coalición gobernante lo sea– es no sólo ninguneada sino suprimida. Me refiero a la transición democrática que vivió el país entre 1977 y 1997 y a los primeros años de una democracia naciente que forjaron novedades que deberíamos valorar y proteger.

El tránsito del monopartidismo fáctico al pluralismo; de elecciones sin competencia y organizadas de manera facciosa a comicios disputados, construidos de manera imparcial y en condiciones equitativas; de un mundo de la representación habitado por una sola fuerza política a otro colonizado por una diversidad de expresiones; de una presidencia (casi) omnipotente a otra acotada por distintos poderes constitucionales; de un Congreso subordinado al Ejecutivo a otro vivo y marcado por una dinámica pluralista; de una Corte inerte en cuestiones políticas hasta volverse un auténtico tribunal constitucional. Más la ampliación y ejercicio de las libertades, más la emergencia de una sociedad civil con agendas y reivindicaciones propias, más la creación de instituciones autónomas con tareas específicas y un impacto positivo en la dinámica del poder, más la naturalización del pluralismo como una realidad asentada y rotunda, configuran una germinal democracia que permitía y permite la coexistencia-competencia de la diversidad política. No obstante, todo ello es sustraído del relato oficial. Da la impresión que no sólo no se aprecia ese cambio, sino que se le desprecia y que se añora el despliegue de un poder presidencial sin contrapesos.

Cierto, las novedades democratizadoras fueron opacadas porque simultáneamente la corrupción y la impunidad colorearon el espacio público, porque una ola de violencia creciente devastó familias, pueblos, zonas enteras del país, porque la economía no fue capaz de ofrecer un horizonte laboral y/o educativo a millones de jóvenes, porque las ancestrales desigualdades no fueron siquiera atemperadas. De tal suerte que el proceso democratizador significó poco o nada para muchos y generó incluso una nostalgia por un poder unificado y sin contrapesos.

México requiere atender la "cuestión social" porque sin ello seguiremos siendo un archipiélago de clases, grupos y pandillas con escasa "cohesión social", un universo de desencuentros mayúsculos. Pero México es también un país complejo, contradictorio, moderno, que porta visiones, intereses, ideologías y sensibilidades disímiles y que reclama un formato democrático para procesar sus diferencias. En esa segunda dimensión mucho se avanzó en el pasado reciente. Y ojalá la nueva mecánica de la política no acabe por tirar al niño con el agua sucia.

Porque si algo se ha fortalecido en los últimos años son las variopintas organizaciones de la sociedad civil que expresan de manera contrapuesta las pulsiones que emergen de un país igualmente discordante.

La vilipendiada sociedad civil

La sociedad civil se convirtió por unos días en la manzana de la discordia. La colocó en ese lugar el Presidente. Me temo que la incomprensión es mucha. Por ello, olvidemos por un momento la palabreja. El asunto es elemental pero esencial.

Imaginemos un país contradictorio, plagado de desigualdades y dificultades. Con rezagos en distintos campos, escasamente integrado, con enormes diferencias regionales, cruzado por aspiraciones desiguales, con profundos problemas de corrupción y una estela de violencia desgarradora, cuya economía es incapaz de ofrecer un horizonte productivo a millones de jóvenes y con recursos escasos para afrontar sus retos. Imaginemos un país pequeño, con capas medias amplias, con un basamento de educación, salud y vivienda sólido, sin extremas desigualdades regionales, en el que los delitos son esporádicos y quienes los cometen son regularmente sancionados, en el cual la corrupción está casi desterrada y además cuenta con recursos institucionales y financieros vastos. Los dos han sido impactados por eso que a falta de mejor nombre llamamos modernidad: crecimiento de las urbes en detrimento del campo, incremento en las tasas de alfabetización y educación, desarrollo del sector terciario, diferenciación social, conexiones con el mundo y sígale usted.

Pues bien, en una y otra, a pesar de sus oceánicas diferencias, resultará natural que se creen grupos con preocupaciones y agendas particulares. Empresarios que buscan defender y ampliar sus intereses, trabajadores que intentan proteger y aumentar sus conquistas laborales, asociaciones que pretenden combatir la corrupción, institutos que llaman la atención sobre la devastación de los recursos naturales, colectivos preocupados por las violaciones a los derechos humanos, mujeres que desean despenalizar el aborto y otras que las contradicen, abogados que plantean reformas normativas, redes que hacen el seguimiento y critican a los poderes públicos, etcétera.

Esa sociedad que se organiza, que expresa preocupaciones, elabora análisis y propone soluciones es a lo que llamamos sociedad civil. Se trata de un universo discordante, con intereses diversos, con muy diferentes grados de organización, que produce asociaciones poderosas y marginales, con recursos enormes o famélicas, especializadas o no, con gente honorable y pillos. No es sinónimo de bondad ni de perversión. Es un terreno de confrontación. Hay de todo: agrupaciones de izquierda y derecha, sofisticadas y elementales, con amplia visibilidad pública o casi invisibles, con poder de convencimiento y/o chantaje y también desnutridas. Pero en conjunto expresan las voces, necesidades y exigencias de una sociedad plural en la que palpitan intereses, ideologías y sensibilidades distintas. Están ahí porque reflejan –de una u otra manera– al coro desafinado connatural a las sociedades "modernizadas".

Eso hace más difícil la gestión de gobierno. Las agrupaciones vigilan, denuncian, proponen, critican. Pero al mismo tiempo le inyectan densidad y sentido al debate público, fomentan la participación, son un dique contra ocurrencias de todo tipo; un "poder" necesario y funcional.

En nuestro caso esa sociedad civil es débil (un porcentaje muy bajo de la población participa en esas organizaciones), pero el tema que emergió con fuerza es el de la actitud de los actores políticos ante ella. Los que aspiran (aspiramos) a una democracia consolidada, ven en la sociedad civil una constelación de agrupaciones que elevan el nivel del debate y la exigencia a los poderes públicos y privados, enriquecen la agenda nacional y robustecen, en su interacción, a las instituciones de la República. No obstante, y ello es lo que preocupa, las pulsiones autoritarias, aquellas que desean encuadrar a la sociedad bajo un solo manto, en una sola ideología, conducirla con una batuta única, ven en ella a un enemigo, precisamente porque esa orquesta discordante no cabe, ni quiere hacerlo, bajo el imperio de una sola voz que presume representar al pueblo sin fisuras.

EL DESPRECIO POR LOS PARTIDOS POLÍTICOS

Deberíamos saber que sin partidos políticos no hay democracia posible. Que estas figuras tan maltratadas son los grandes ordenadores de la vida pública, agregadores de intereses y los sujetos inescapables si de elecciones y congresos hablamos. Pues bien, existe un desprecio inercial hacia ellos bien asentado en la sociedad. Cierto, ese desprecio no puede explicarse sin lo que los propios partidos han realizado alimentando su descrédito. Pero la incomprensión y las pulsiones por reducir su incidencia en la vida política preocupan.

102 agrupaciones, de manera rutinaria, notificaron al INE que intentarían conseguir su registro como partido político. Hace seis años fueron 52 y sólo lo alcanzaron tres. Seguro hay de todo: esfuerzos serios y aventureros, curtidos y sin experiencia, ambiciosos e ilusos.

Lo que me llamó la atención, además del alto número de solicitantes, fueron tres reacciones que expresan de manera inmejorable que entre franjas nada despreciables de la población existe una idea bastante "curiosa" de lo que son los partidos.

1. Una iniciativa logró recoger miles de firmas para que no se le otorgue el registro al intento encabezado por el ex presidente Calderón y Margarita Zavala. Mucho se debe discutir en torno a esa intención (su significado, orientación, su eventual impacto, la gestión del ex, etcétera), pero no el derecho que les asiste o que deseen ser expresión de una corriente presuntamente implantada en la sociedad.

Imaginemos que para obtener el reconocimiento se le preguntara a la población si está o no de acuerdo con ese o con cualquier otro partido. Lo más probable es que ninguno lograra más votos positivos que negativos. Incluso Morena (hoy el partido mayoritario) estaría en problemas. Y es que los partidos –como su nombre lo indica– no son representantes del conjunto sino de una parte, y la lógica que modela la legislación, además del sentido común, es que si logran demostrar que con ellos se identifica una proporción significativa de ciudadanos deben estar presentes en el escenario institucional. Por ello se reclama un mínimo de adhesiones para ingresar y por lo menos el 3% de los votos en cada elección federal; un porcentaje para nada despreciable (si votan 50 millones se requiere por lo menos 1 millón y medio). Todo el diseño parte de la idea de que deben estar en las boletas todas aquellas opciones que tengan un mínimo razonable de apoyo de tal suerte que la pluralidad política que cruza a la nación esté representada.

2. Otra reacción resultó más prosaica: "ya son muchos, ¿para qué queremos más?". Habría que preguntarse: ¿qué deben y pueden hacer aquellos ciudadanos que no se identifican con ninguna de las formaciones políticas existentes? ¿Deben estar condenados a no tener representación? ¿A ver los toros desde la barrera? Porque la lógica de la ley es la contraria: que aquellos que no se sientan representados puedan forjar su propia opción, llenando ciertos requisitos. Porque el número de partidos no puede ser decretado caprichosamente. La ley tiene una puerta de entrada y otra de salida y se activan si se demuestra que se tiene una cierta implantación social o se carece de ella.

3. Pedro Kumamoto anunció su intención de solicitar el registro de un nuevo partido estatal. El ex candidato independiente opta así por dotarse de una plataforma organizativa permanente. Y no faltaron las descalificaciones porque "el independiente" dejaba

de serlo. Alguien incluso afirmó que se trataba de una traición. No se entiende o no se quiere entender que Kumamoto y los suyos ya eran un partido, es decir, parte de la sociedad que se organiza intentando ocupar cargos de representación. Y que lo que hoy buscará es lograr el reconocimiento legal que le otorga una serie de derechos y prerrogativas.

Una sociedad modelada por una diversidad de intereses, ideologías, sensibilidades, etcétera, requiere de un sistema de partidos que más o menos la exprese. El "pequeño" problema es que la dinámica entre los partidos, que es de competencia y eventual convergencia, proyecta la imagen, como decía Juan Linz, de que son los partidos los que dividen a la sociedad (y no los que la expresan), que "no se ponen de acuerdo" y hacen tortuosa la política, lo que lleva a no pocos a ensoñar una sociedad unificada bajo un solo mando. Esa idea, la de una sociedad reconciliada consigo misma, unificada, armónica, sin disidencias, es buen "caldo de cultivo" para la añoranza imposible de un caudillaje que nos exprese a todos. Un pueblo monolítico que se manifiesta con una sola voz.

Por otro lado, se presentó una iniciativa que de seguro tendría un impacto importante en la vida y posibilidades competitivas de los partidos. Seguramente el "respetable" aplaudirá y es probable que los damnificados ni siquiera metan las manos, pero ello no exenta de hacer por lo menos dos comentarios. Porque el tema no es menor.

La fracción parlamentaria de Morena en la Cámara de Diputados presentó formalmente el 5 de marzo la anunciada iniciativa para reducir en 50 por ciento el financiamiento a los partidos políticos. En lugar de multiplicar los ciudadanos inscritos en el padrón por el 65 por ciento del valor diario de la Unidad de Medida y Actualización (UMA), ahora se multiplicaría solo por el 32.5%.

Un buen castigo a esas "figuras horribles". Hay, sin embargo, por lo menos dos dimensiones que valdría la pena tomar en cuenta: a) una de carácter general y b) una coyuntural.

a) No hay política sin dinero, y eso lo sabe o lo debería saber cualquiera. Y más que exorcistas, lo que se requiere es responder con realismo a una pregunta básica: ¿de dónde deben salir los recursos para alimentar la actividad de los partidos (sin los cuales, aunque sean feúchos, no hay democracia)? Y sólo hay dos grandes fuentes: públicas y privadas. En México se optó, en su momento, por hacer a la primera preeminente por razones que vale la pena reiterar: son recursos transparentes, se conoce cuándo y cuánto se le entrega a cada uno de los partidos y es relativamente sencillo seguir su curso. En nuestro caso, sirvieron además para equilibrar la cancha de juego. Fue a partir de 1996, cuando se incrementó sustancialmente el financiamiento público, que los partidos pudieron competir en forma más o menos equitativa. Y siempre se ha pensado que ese financiamiento podía hacer a los partidos menos vulnerables a las presiones de los "señores del dinero". Son consideraciones de carácter general, quizá buenas para ayer, hoy y mañana, lo que no quiere decir que no se puedan y deban hacer ajustes a la baja.

b) Pero sólo desde el mirador de la ingenuidad y/o la piadosa buena voluntad es posible no reparar en la coyuntura en que se dará el potente recorte al financiamiento de los partidos y los eventuales efectos políticos que probablemente tendrá. Para nadie es un secreto que el 70 por ciento del financiamiento está ligado al porcentaje de la votación que cada partido obtiene (el 30% se reparte de manera igualitaria). En 2018, dada la votación de 2015, el porcentaje del financiamiento que cada partido recibió fue el siguiente: PAN 22.77%; PRI 31.64; PRD 11.74; PVEM 7.49; PT 3.11; MC 6.60; PANAL

4.03; Morena 9.03 y PES 3.58. Y para 2019, según los resultados de 2018, el porcentaje para cada uno es el siguiente: PAN 19.90; PRI 18.39; PRD 5.87; PVEM 5.33; PT 4.37; MC 4.91; Morena 41.24.

Esas cifras relativas quizá no den cabal idea de lo que significará el eventual impacto de la reforma en las finanzas de cada uno de los partidos. Por lo que es necesario conjugar cifras relativas y absolutas. La partida más importante, como se sabe, es la llamada "financiamiento para actividades ordinarias" (base, además, de los cálculos de los demás rubros de financiamiento). Y si lo que hoy se propone ya hubiese existido cuando se aprobó el Presupuesto de Egresos de la Federación todos los partidos hubieran visto descender considerablemente sus recursos de un año para otro, salvo uno. Veamos: el PAN hubiese recibido de 2018 a 2019 48% menos (de 828 millones a 430.3), el PRI 63% menos (de1,095 a 405.5), el PRD 40% (de 496 a 298.5), PVEM 49% (de 369 a 189.5), PT 27% (de 237 a 173.5), MC 47% (de 342 a 182.5). Y solo Morena hubiera tenido un incremento considerable del 89% (de 415 a 784). Es decir, si bien todos y cada uno hubieran sufrido el mismo decremento del 50 por ciento, su impacto en las finanzas de los partidos sería claramente diferenciado dada la nueva correlación de fuerzas.

Cero pesos para las organizaciones no gubernamentales, disminución del presupuesto de todos los organismos públicos autónomos y recorte draconiano al financiamiento a los partidos. ¿Habrá algo en común en esas tres operaciones?

División de poderes

Incluso un asunto tan elemental y tan fundamental lo hemos discutido no mal, sino muy mal. Quizá el peor tema para entender lo que es la división de poderes, cómo funciona y cuál es su sentido sea el de los salarios de los funcionarios públicos. Una sociedad marcadamente desigual, agraviada, la que de manera regular conoce de casos de corrupción que quedan impunes, no parece ser demasiado receptiva a los argumentos en la materia. Más bien, no resulta difícil alimentar la hoguera de la desconfianza y el malestar. Por supuesto, deberíamos contar con un marco regulatorio claro y transparente y racional para evitar excesos, pero eso no se logra estableciendo por decreto topes y desconociendo derechos adquiridos. Pero quiero ir a otra parte.

En las democracias constitucionales existe una tensión que resulta inherente al diseño estatal: entre las instituciones en las que cristaliza la soberanía popular y las encargadas de velar por la constitucionalidad de los actos de las primeras. Es una tensión latente que por momentos se vuelve manifiesta y que en teoría resulta venturosa para evitar los desbordamientos que pueden vulnerar los pilares de la convivencia democrática. Me explico.

Es en los poderes Ejecutivo y Legislativo en donde, en principio, se deposita la soberanía popular. Se trata de cuerpos diferenciados, con facultades distintas y normadas, pero que tienen un origen común: el voto de los ciudadanos. Esos poderes se encuentran acotados por la Constitución, las leyes, los tratados internacionales. No deben desbordarse porque sí pueden hacerlo. Una mayoría legislativa que actuara como si no existieran límites, pensando que encarna "la voluntad popular", podría atentar contra el propio marco normativo, privar de derechos a las minorías y convertirse en una mayoría dictatorial (ya los griegos señalaban que la democracia podía tornarse en oclocracia, es decir, en el gobierno tiránico de la mayoría). Por ello, si bien la mayoría puede y debe legislar, existe la posibilidad de impugnar sus decisiones ante la Corte, un auténtico tribunal constitucional, que tiene la facultad de evaluar si las leyes emitidas no contradicen los mandatos constitucionales. A ese recurso que pueden interponer el 33% de los legisladores de cualquiera de las Cámaras, el titular de la PGR, la CNDH o los partidos políticos tratándose de leyes electorales, se le llama acción de inconstitucionalidad. Y tiene mucho sentido. De ahí la importancia –por lo menos teórica– de la necesaria división, independencia y equilibrio entre los poderes constitucionales, que se supone es característica de los sistemas democráticos.

Pero, además, en los últimos años hemos vivido una importante ola que hace aún más complejo –acotado– el ejercicio de gobierno. Por ingentes necesidades se han creado órganos autónomos constitucionales encargados de realizar tareas que o no deben estar sujetas al litigio político (hasta dónde eso es posible) o destinadas a proteger a los ciudadanos de los excesos de las autoridades. El INE intentando que la organización de las elecciones no se encuentre subordinada a ninguna de las fuerzas en pugna; el INAI para velar porque el acceso a la información pública se haga realidad, ante no pocas reservas inerciales de las muy distintas autoridades; o la CNDH y sus homólogas en las entidades para proteger a los ciudadanos de las violaciones a sus derechos. En todos estos casos (se pueden agregar el Banco de México, las universidades públicas, el INEGI y otros) las tareas que deben desarrollar reclaman de la autonomía, porque si estuvieran subordinados a cualquiera de los poderes constitucionales tradicionales difícilmente podrían cumplir cabalmente con su misión.

Por ello no deja de ser "curioso" que algunos crean que en las nuevas condiciones esas instituciones sobran. Dado que se piensan a sí mismos como entidades virtuosas los contrapesos les parecen innecesarios. Pero ya lo sabemos o lo deberíamos saber: quienes ejercen el poder pueden desbocarse y por ello mismo los sistemas democráticos construyen una constelación de salvaguardas.

El problema se agudiza porque parece existir un contexto social en el cual la reconcentración del poder no es mal visto.

¿A QUIÉN LE IMPORTA?

Se encuentra en curso, al parecer, una sólida política que intenta reconcentrar el poder en el Presidente. México requiere una presidencia legal y legítima, con puentes eficientes de comunicación con la sociedad, "fuerte", pero acotada por la ley, no desbordada ni con pretensiones apabullantes, capaz de convivir –en ocasiones en tensión– con otros poderes constitucionales, órganos autónomos y sociedad civil. Y ese es el *quid* del asunto. No obstante, esa preocupación no parece ser compartida por la inmensa mayoría de la población.

Creo que los nutrientes de esa actitud son varios y en el fondo indican que la idea predominante de democracia incorpora, sí, que los gobernantes (y legisladores) deben ser electos, pero no que democracia quiere decir también poder regulado, dividido, vigilado, equilibrado.

Décadas de un presidencialismo recargado en el cual el titular del Ejecutivo se convirtió en el Poder entre los poderes, que fungió como árbitro último en los litigios políticos, que encontró en el Legislativo un espejo y en el Judicial un apéndice, que subordinó a las principales organizaciones de los trabajadores y alineó a los medios (por supuesto, no a todos), que (casi) logró que el Estado (un conjunto abigarrado de instituciones) fuese identificado con su nombre, sin duda, deja su estela. Era el dador de todo, el responsable de lo bueno y lo malo, y no fue casual que nuestra fórmula hegemónica de periodización resultara la de los sexenios. Polvos de aquellos lodos flotan en el ambiente y no pocos resortes mentales siguen funcionando con los códigos de entonces.

Pero ese es un nutriente lejano y quizá ajeno para las nuevas generaciones. Hay otro más potente y reciente: la percepción de una improductividad marcada por la mecánica de nuestra muy reciente democracia. La colonización del Estado por una pluralidad de fuerzas políticas, los fenómenos de alternancia, la construcción de contrapesos e incluso la ampliación de las libertades, a franjas enormes de la población no le dicen nada. Esa historia reciente está acompañada –perdón por la reiteración– de fenómenos de corrupción que quedaron impunes (paradójicamente el proceso democratizador los hizo visibles y con razón generó una mucho menor tolerancia hacia ellos); de una ola de violencia y destrucción que afectó, y sigue afectando, a miles y miles de personas y familias y que ha dejado un rosario de comunidades devastadas por el crimen; de un precario crecimiento económico que fomenta la informalidad y no ofrece horizonte productivo a millones de jóvenes, no permiten apreciar lo edificado en términos políticos. Es una mezcla donde lo bueno está impregnado del hedor de los problemas irresueltos.

Y si a ello le sumamos que el funcionamiento de la democracia resulta antiepopéyico y es incomprendido, quizá podamos cerrar el círculo. La invasión del pluralismo al espacio estatal (una buena nueva), hizo más tortuosa y difícil la gestión pública. Y lo que sucedía resultó insatisfactorio desde dos miradores polares pero complementarios: si, por ejemplo, las bancadas de los partidos en el Congreso no se ponían de acuerdo (algo natural cuando se tienen diagnósticos y propuestas diferentes y hasta encontradas), era porque "solo veían por sus intereses", "no deseaban colaborar con el gobierno", "querían que le fuera mal al país"; pero si llegaban a acuerdos (digamos el Pacto por México) entonces "traicionaban su vocación opositora, habían sido comprados o seducidos". Total: no hubo una pedagogía capaz de socializar la idea elemental de que ahí donde ninguna fuerza tiene mayoría de representantes son obligados los acuerdos negociados.

La imagen de un escenario político no solo fragmentado sino improductivo, plagado de conflictos, empezó a construir la noción de que democracia y desorden e improductividad eran sinónimos. Y entonces la añoranza por un liderazgo concentrado que ofreciera orden y rumbo cierto, empezó a expandirse en el seno de una sociedad agraviada, molesta, distante de los políticos y la política.

Por ello, creo que muchos nos preguntamos ¿a dónde vamos?

¿A DÓNDE VAMOS?

No se trata de un balance, si acaso de un esbozo de las líneas fundamentales que modelan la política del nuevo gobierno (habría que desarrollarlas). Además, quedan fuera asuntos esenciales: cultura, seguridad, relaciones internacionales, campo, medios de comunicación, etcétera.

1. Los usos y costumbres de la presidencia han sido modificados. La ex residencia oficial hoy es un lugar de paseo, los viajes

del Presidente se realizan en vuelos comerciales, el Estado Mayor ha sido disuelto, las conferencias de prensa se realizan cada mañana. El mensaje: "soy uno de ustedes". La abismal distancia entre gobernantes y gobernados se intenta reducir con elocuentes gestos simbólicos.

2. El sector público –sus instituciones, funcionarios y trabajadores– parece que no es visto como un activo, más bien se les trata como si fueran un lastre. Recortes de personal, baja de salarios a los mandos superiores, cancelación de prestaciones, pueden tener un impacto negativo en el cumplimiento de las funciones que tienen asignadas (¿el desabasto de gasolina es un ejemplo?) y/o quizá lo que se busca es reconfigurar ese espacio con una base de lealtades propia. Cierto que había y hay gastos suntuarios, pero los cortes no se han realizado luego de una evaluación (por lo menos conocida) y parecen más bien fruto de prejuicios.

3. El nuevo gobierno o no comprende o comprende, pero no le gusta convivir con los órganos autónomos que diseña la Constitución. La decisión del Tribunal Electoral en el caso Puebla fue "desconocida" por el Presidente, como si él tuviera facultades para intervenir en el asunto. En el Presupuesto todas las instituciones autónomas sufrieron mermas. Preocupa porque en los Estados democráticos modernos los contrapesos son resultado de una aspiración: que el "poder" se encuentre repartido, vigilado y equilibrado.

4. La materia fiscal resulta desconcertante. El gobierno ha renunciado, por lo menos durante los primeros tres años, a realizar una reforma fiscal progresiva, es decir, que tenga un impacto redistributivo. No obstante, se aprueba una disminución de impuestos en la frontera norte que, como se sabe, no es de las zonas más rezagadas del país, por el contrario.

5. La política de infraestructura parece diseñada por caprichos. Se suspende el aeropuerto de Texcoco (solo algún hipnotizado podrá atribuirlo a la mal llamada consulta), pero se echa a andar el "Tren Maya" sin que se conozcan las evaluaciones y los proyectos específicos.

6. Lo fuerte, al parecer, serán los programas sociales. Transferencias monetarias mensuales a los adultos mayores, estudiantes y jóvenes capacitados en empresas. Se dice que el dinero que se ahorrará con los recortes servirá para robustecer esos programas. Los beneficiarios y sus familias recibirán un apoyo relevante. Sin embargo, la forma en que se empezaron a levantar ciertos padrones (antes de que el gobierno lo fuera) y la inexistencia de lineamientos para su ejecución, hacen temer que se trate de una gran operación clientelar, no una fórmula para expandir derechos y construir ciudadanía.

7. El incremento al salario mínimo es un importante paso en la dirección correcta. No sólo se revierte una funesta tendencia, sino que, ojalá, se empiecen a recuperar las percepciones fruto del trabajo. No es deseable que un trabajador que labora jornada completa no reciba un salario suficiente para atender las necesidades primarias de él y su familia.

8. En materia educativa se optó por tirar al niño con el agua sucia. Si bien se hubiese podido reformular la carrera docente, no existe argumento válido alguno para que se tenga que sacrificar la evaluación de todos los actores y dependencias que integran el mundo educativo.

Un problema adicional es que existe escasa disposición por parte del gobierno para construir o reconocer circuitos auténticos de debate y eventual concertación con otros actores políticos y sociales. Más bien se alimenta la primitiva noción de que "quien no está conmigo está contra mí". Por ello...

CATENACCIO

Es posible que a los más viejos y además aficionados al futbol les resuene. Helenio Herrera fue un famoso entrenador en los años sesenta y setenta del siglo pasado. Lo recuerdo en el Internazionale de Milan, aunque también entrenó al Barcelona, Sevilla, Atlético de Madrid y otros. Fue célebre porque impuso un estilo que luego se expandió por Italia y después al mundo. Le dio magníficos resultados, pero empobreció al futbol. Era ocurrente y dicen que dijo: "si no te meten gol no puedes perder". Una verdad del tamaño de una basílica. Y entonces colocó a sus equipos a la defensiva, replegados, echados atrás, creando el *catenaccio*, un candado que intentaba –y lograba– que los rivales no llegaran con frecuencia a la portería. Mantener el cero era la primera y más importante misión.

En el país existen muchas cosas que hay que cambiar: repito, ahí están sin orden ni concierto las flagrantes desigualdades, el famélico crecimiento económico, la inseguridad y la violencia expansivas, la corrupción "para dar y regalar", la falta de horizonte para millones de jóvenes, los déficits en el Estado de derecho y súmele usted. Pero hay otras que es menester valorar, defender y si se quiere reformar, pero que sería algo más que una insensatez intentar erradicarlas junto con las patologías enunciadas. Son construcciones recientes que hacen mejor la vida política (la vida toda) y que sólo los talantes autoritarios tienden a despreciar. Enumero algunas porque creo que para defenderlas a lo mejor es necesario "jugar" al *catenaccio*. Si no las destruimos, si las protegemos, si construimos un cerrojo para preservarlas, los goles contra la democracia serán escasos, quizá nulos.

1. Respeto a la Constitución y las leyes. Tenemos un marco normativo fruto de sucesivas reformas a lo largo del tiempo. Hay mucho que cambiar, pero mientras estén vigentes es necesario exigir que las autoridades (y los ciudadanos) se ciñan a ellas. Ninguna presunta buena intención, ningún antojo, ninguna política debe realizarse por encima de la ley. Es la garantía necesaria para evitar autoridades desbordadas. Lo otro es el reino de la arbitrariedad.

2. División de poderes. México es una República no un sultanato. Cada poder constitucional tiene asignadas facultades y limitaciones. Deben cumplir con las primeras y reconocer y frenarse ante las segundas.

3. Valoración del pluralismo. Nuestro país no cabe bajo el manto de una sola organización, ideología o programa. En su diversidad de visiones, sensibilidades, idearios y propuestas, radica su riqueza. No hay manera de encuadrarlo bajo un solo mando salvo con el expediente de la coacción.

4. Libertad de expresión. Si bien en ese renglón falta mucho por hacer, lo avanzado en los últimos 30 años resulta espectacular. Se trata de una de las piedras fundadoras de toda convivencia democrática y de la posibilidad de que en el espacio público se recreen los más diversos diagnósticos y propuestas. En ese terreno cuidado con las censuras.

5. Instituciones fuertes, no hombres fuertes. Las primeras, con todo y sus contrahechuras, sirven para que la convivencia social sea medianamente armónica; lo segundo abre paso al reino del atropello.

6. Sistema de mediaciones. La complejidad de la sociedad mexicana no permite, ni remotamente, una relación directa entre gobierno y ciudadanos. Las organizaciones de todo tipo, las instituciones estatales, los medios y las redes, los partidos, tienen que continuar cumpliendo con sus funciones de representación. Nadie puede arrogarse la vocería exclusiva del pueblo.

7. Sociedad civil. De forma paulatina pero incremental en México se fundaron agrupaciones civiles con agendas y planteamientos propios. Son expresión de la vitalidad y la diversidad que palpita en el país. Fortalecerlas siempre será un antídoto contra todo tipo de resortes autoritarios.

Una política defensiva en esos terrenos parece adecuada. Porque mal citando a H. H., alias el Mago, "si no les meten gol a los pilares de la democracia no podemos perder".

Marzo de 2019.

Reseñas que ayudan

Democracias bajo acoso

IDEA Internacional, *El estado de la democracia en el mundo 2017. Examen de la resiliencia democrática*, Estocolmo, 2018.

U N PRIMER VISTAZO NOS DIRÍA QUE LOS SISTEMAS democráticos están en problemas: crece la desafección con la política, a la alta se encuentran los liderazgos que explotan un lenguaje antipolítico, los fenómenos de corrupción minan la credibilidad en las instituciones, la expansión de la violencia y la inseguridad producen dosis enormes de miedo y ansiedad, las crisis económicas expulsan del trabajo a millones y otros ven como sus percepciones se adelgazan, las masivas migraciones activan resortes defensivos y xenófobos, las desigualdades sociales se incrementan y con ello se hace difícil generar un mínimo de cohesión social. En una palabra, parecería que las democracias viven bajo acoso.

Pues bien, IDEA Internacional, un organismo intergubernamental, cuya sede se encuentra en Estocolmo, Suecia, presentó un agudo y pertinente estudio sobre el estado de la democracia en el mundo en 2017. Un logrado intento por presentar un panorama general (cargado de ejemplos nacionales) de los haberes y dificultades con las que tienen que lidiar los regímenes democráticos. Leído desde México puede ayudar a trascender en alguna medida visiones provincianas, al observar que muchos de nuestros problemas se parecen a lo que sucede en otras latitudes. Lo cual también puede derivar en la vieja conseja de "que mal de muchos es consuelo de tontos".

El Informe tiene el mérito de encarar los problemas sin afeites y en asumirlos como retos, tratando de pensar cuáles son las "condiciones propicias para su resiliencia". El término se está poniendo de moda, pero se entiende por tal "la capacidad de los sistemas sociales para afrontar crisis y desafíos complejos –los cuales provocan una tensión o presión que puede provocar un fallo sistémico–, así como sobrevivir a ellos, innovar y recuperarse". En otras palabras: se trata de reconocer que las democracias viven bajo presión y que lo relevante no es negar las dificultades, sino asumirlas para buscar soluciones que hagan más legítima y pertinente la opción democrática.

Pero primero lo primero. IDEA entiende a la democracia en varias dimensiones: a) como gobierno representativo lo que supone elecciones limpias, sufragio inclusivo, partidos políticos libres y gobierno electo; b) como protectora de los derechos humanos, es decir, como acceso a la justicia, ejercicio de las libertades civiles y derechos sociales e igualdad; c) como control de gobierno, para lo cual resulta imprescindible la existencia de un parlamento eficaz, un Poder Judicial independiente y medios de comunicación libres; d) como administración imparcial, lo que supone un Estado de derecho que haga predecible las acciones de gobierno, lo que a su vez debe llevar a abatir la corrupción y e) cargada de participación tanto en elecciones como a través de las organizaciones que conforman la sociedad civil.

Vista así, dice el Informe, la democracia ha avanzado en forma considerable a partir de 1975 en cuatro de las cinco dimensiones, a saber: gobierno representativo, derechos fundamentales, control de gobierno y participación. Baste señalar que mientras en 1975 existían 47 países que realizaban elecciones en 2016 fueron 130. Y algo similar, aunque menos pronunciado, aparece en los indicadores de acceso a la justicia, libertades civiles y derechos sociales e igualdad. El mayor problema, visto el mapamundi, parece ser el marcado déficit de Estado de derecho lo que genera espirales significativas de corrupción. Dice el Informe: "resulta más fácil cambiar el acceso al poder político y el respeto a diferentes tipos de libertades en un plano oficial... que aplicar el Estado de derecho en la administración". (Creo que nos suena cercano). Lo que sin duda es una fuente relevante del desencanto con las democracias.

Vista de esa manera, en forma analítica, la democracia parece gozar de una mejor salud de lo que muchos pregonan a partir de visiones "impresionistas". Hay un progreso general documentable, pero que no permite lanzar las campanas al vuelo. Y es a partir de ahí que en el Informe aparecen con fuerza algunos de los desafíos más sobresalientes y la necesidad de construir democracias "resilientes", es decir, capaces de afrontar de manera venturosa los retos en los que viven envueltas.

Según el Informe la "resiliencia democrática" reclama participación ciudadana, rendición de cuentas, transparencia e integridad, inclusión social, política y económica. En esa dimensión, digo yo, los postulados de IDEA van más allá de las recetas exclusivamente liberales que ponen el acento en el control de las instituciones estatales y la expansión de las libertades individuales, para subrayar la importancia de la "cuestión social", es decir, de políticas que atiendan la inequidad, las exclusiones, las desiguales sociales, sobre las cuales sólo pueden edificarse democracias frágiles.

Existe una serie de amenazas que se generan desde los propios sistemas democráticos: dirigentes autoritarios y déspotas electos democráticamente que acuden a muy diferentes expedientes para socavar al sistema pluralista: extendiendo sus mandatos, cambiando la normatividad electoral, intentando fabricar mayorías artificiales, multiplicando las atribuciones de los poderes ejecutivos, reduciendo el control legislativo o cercenando la independencia del Poder Judicial o los medios de comunicación. Todo ello no sólo significa retrocesos en las rutinas democráticas sino que impactan de manera sobresaliente la calidad de la misma. En esa dimensión mucho pueden y deben hacer diferentes actores buscando acotar esa expansión autoritaria de los poderes ejecutivos. Los otros poderes del Estado, los partidos políticos, las organizaciones de la sociedad civil e incluso las organizaciones regionales pueden jugar un importante rol de contrapesos a esos intentos por desfigurar los equilibrios de poderes que la democracia supone.

El informe detecta un desgaste de los partidos políticos como un "importante vehículo para la representación democrática". Da la impresión que estos actores fundamentales para la reproducción democrática están obligados a "transformar su funcionamiento a fin de restablecer la confianza del electorado". Las crisis financieras y sus secuelas, la percepción de exclusión de los asuntos públicos entre los ciudadanos, la "inhabilidad" para adaptarse a las nuevas formas de interactuar con los electores, gravitan contra la confianza de esos sujetos necesarios pero altamente desprestigiados. Y si bien la confianza en los partidos fluctúa de manera sobresaliente en las diferentes zonas del planeta, en América es en donde se encuentran los porcentajes más bajos de confianza. En esa dimensión el Informe propone algunas medidas para revertir esa incredulidad: políticas de inclusión a mujeres y jóvenes, ampliación de los circuitos deliberativos, utilización razonada de instrumentos de democracia directa, crear formas alternativas de participación, rodear de política a la lógica tecnocrática, todo ello para cerrarle el paso a la retórica antipolítica que acaba siendo una herramienta antidemocrática.

El tema del dinero y su eventual efecto corruptor está en el centro de las preocupaciones de IDEA. Los escándalos de corrupción minan la confianza en las instituciones que hacen posible la democracia, alimentan la legítima indignación y tras ellos suele estar "la influencia desproporcionada de los grandes donantes". Por supuesto no hay política sin dinero, pero el dinero sin supervisión y controles puede pervertir la vida política. Porque el dinero privado sin fiscalización puede "capturar las políticas públicas". Es necesario entonces actuar en consecuencia: robustecer los marcos jurídicos que regulan el financiamiento, apuntalar el financiamiento público y ofrecer modalidades virtuosas de conjunción con el privado, aunado a una fiscalización y a sanciones pertinentes.

Pero para mí, la pregunta clave del documento es: "¿puede la democracia contrarrestar la desigualdad?" No es un asunto sólo de moralidad pública, sino que impacta la viabilidad misma de los sistemas pluralistas. IDEA señala que de 1990 a la fecha han salido de la pobreza extrema mil cien millones de personas, que la mortalidad materna o por enfermedades curables, la supervivencia infantil o la matrícula en educación primaria, vienen mejorando de manera consistente. "No obstante, la concentración de la riqueza se ha agudizado notablemente." Y aunque la relación entre desigualdad y democracia es un asunto debatible, "el modo en que la riqueza, el poder y los privilegios se distribuyen en la población afecta fundamentalmente la calidad de la gobernanza y socava la solidez y la resiliencia de la democracia". Y ello porque los ciudadanos también evalúan la pertinencia de la democracia a partir de las respuestas que reciben de las instituciones estatales en relación a sus necesidades materiales. La desigualdad construye sociedades escindidas, polarizadas, lo que de manera "natural" suscita tensiones, desafección por las instituciones que hacen posible la democracia, producto de un déficit de cohesión social. Por lo que IDEA, trascendiendo el ideario liberal, propone la aplicación de reformas y políticas redistributivas, es decir, capaces de edificar sociedades menos polarizadas, condición necesaria para dibujar una democracia sostenible capaz de hacerle frente a los retos que enfrenta.

El Informe se detiene y analiza el impacto que las migraciones están causando en diferentes partes del planeta. Las reacciones solidarias pero también la exacerbación de las pulsiones ultranacionalistas y xenófobas y plantea la necesidad de construir vías para que los migrantes tengan acceso a la ciudadanía. Y finaliza con una reflexión sobre la construcción de democracia luego de muy diversos conflictos armados.

Un poderoso llamado de atención. Las democracias no son estaciones finales y definitivas. Pueden desgastarse, generar cuerpos autoritarios, vivir regresiones. Es necesario apuntalarlas, reforzarlas, tanto en la esfera política como en las dimensiones sociales y económicas.

Revista de la Universidad de México, núm. 834, marzo 2018.

Razones y sinrazones
del desencanto democrático[41]

> Isabel Wences y Cecilia Güemes, "Democracia republicana y confianza en América Latina: la esperanza que no llega, que no alcanza".

L AS DEMOCRACIAS LATINOAMERICANAS —O MUCHAS DE ellas— navegan en un mar de desconfianza. Contra el optimismo que tiñó a la región a inicios de siglo, cuando el ciclo de restablecimiento o fundación de regímenes democráticos presagiaba no solo nuevos sino mejores tiempos, hoy "la sensación generalizada de que las reglas del juego democrático son una fachada de sociedades injustas, autoritarias y gobiernos autocráticos" parece expandirse. El desencanto, la apatía, el cinismo, flotan en el ambiente y ello no presagia nada bueno. Aunque existan voces que afirman que el enojo y el malestar son consustanciales a los regímenes pluralistas, creo que tienen razón Wences y Güemes en preocuparse por los efectos desgastantes, erosionadores, que tiene la desconfianza en las instituciones que hacen posible la reproducción del sistema democrático. Y por ello intentan hacer avanzar algunas propuestas para revertir esa situación.

[41] Los cuatro artículos comentados aquí fueron publicados en *Andamios. Revista de investigación social*, Dossier: ¿Tiene futuro la democracia? Razones y sinrazones del desencanto democrático, vol. 13, núm. 30, enero-abril 2016.

La confianza es una construcción. No se puede decretar ni aparece de la noche a la mañana. Y es el piso necesario no sólo para una vida política más o menos armónica y productiva, sino para hacer medianamente habitable la vida misma. Y como dicen las autoras, "la literatura insiste" en que son dos pilares los que pueden incrementar la confianza en las instituciones republicanas: "un Estado de derecho democrático y eficiente…y el establecimiento y garantía de una equidad que permita paliar el daño que causa la desigualdad". No tengo duda de ello. Pero lograrlo requiere de políticas mayores y con horizonte, que es a lo que apunta el artículo.

Lo sabemos o intuimos: "gobiernos deshonestos o ineficientes minan la confianza", y para superar esa situación, nos dicen las autoras, es menester revisar el entramado normativo e institucional, subrayar el combate a la corrupción e incluso desatar potentes campañas pedagógicas en la materia (que abarquen desde la escuela hasta los medios). Tiene razón. Pero (creo) que en el mundo no se ha inventado mejor método para atajar los fenómenos de corrupción que la acción penal contra los infractores. Cuando "quien la haga la pague", será la mejor fórmula para inhibir conductas delictivas.

Pero a diferencia de otros estudiosos cuyas reflexiones no trascienden el círculo de los "problemas políticos", el artículo que comentamos apunta –y con razón– a lo que yo llamo la falla estructural de las democracias latinoamericanas: la desigualdad que escinde y polariza a nuestras sociedades. Y sobre ese terreno es muy difícil construir algo medianamente sólido y confiable. Las cito en extenso: "Estudios comparados destacan los efectos de políticas públicas de bienestar social en la creación de confianza social, enfocándose principalmente en los regímenes de bienestar socialdemócrata [...] Cuando el Estado invierte en mejorar la redistribución y socializar los riesgos individuales se contribuye al desarrollo de una identificación emocional con el colectivo de que se forma parte, una especie de solidaridad y sentido de pertenencia". Al igual que ellas, creo que esa es la asignatura más relevante a la que debemos hacer frente. Porque una sociedad escindida –en las que unos pueden ejercer todos sus derechos y millones se encuentran excluidos de esa posibilidad– difícilmente puede generar la cohesión social necesaria para una coexistencia medianamente armónica.

El texto además hace un resumen eficiente de dos iniciativas que intentan atender los problemas enunciados: la de la OCDE y la de la Alianza para el Gobierno Abierto, que pueden servir como puntos de partida para un debate al respecto; y el texto concluye con una reflexión general que entiende que la democracia, como cualquier otro régimen de gobierno, no flota en el aire, sino en un contexto determinado y que el mismo puede ayudar a su consolidación o a su erosión. Porque al malestar imperante no se le puede hacer frente solamente con reformas de carácter político-procedimental (que son importantes), sino asumiendo que el principio de igualdad que preside el ideal democrático tiene que trascender el cerco de la política e instalarse con fuerza en nuestra hoy sociedad estamentada.

Rocío Annunziata, "La democracia exigente. La teoría de la democracia de Pierre Rosanvallon".

La democracia es un régimen de gobierno que aspira a ofrecer un cauce de resolución a la convivencia y competencia de las diferentes corrientes político-ideológicas que tienen asiento en una sociedad determinada. Esa es su virtud intransferible. Porque los regímenes autoritarios, dictatoriales, totalitarios y teocráticos lo que intentan es lo contrario: erradicar la diversidad, puesto que suponen que una sola concepción, un solo ideario, una sola organización son los portadores del Bien. Así la democracia ofrece una fórmula para resolver la coexistencia pacífica de la diversidad y otra para la substitución de los gobernantes sin el costoso expediente de la sangre, como decía Popper. Pero las democracias no son paraísos terrenales (entre otras cosas porque los paraísos no existen en la tierra), sino apenas un arreglo institucional que porta consigo infinidad de problemas que le son connaturales. Y a comprender esa dimensión sin duda alguna ayuda la obra de Pierre Rosanvallon.

El autor francés –dice Rocío Annunziata– nos ayuda a comprender como la democracia "hace inteligible el desencanto contemporáneo" pero sobre todo lo "traduce positivamente en exigencia". El desencanto se convierte en un motor de diversas transformaciones que construyen un régimen laberíntico y plagado de pesos y contrapesos (esto lo digo yo).

Rosanvallon nos permite comprender como en el código genético de la democracia están sembradas las nociones que lo vuelven un sistema complicado. El momento o la fórmula electoral permiten la competencia regulada de la diversidad política, llaman a la participación ciudadana y legitiman a los titulares de los poderes constitucionales. Pero, la suspicacia frente a los políticos y los gobernantes y los legisladores y los funcionarios públicos, pone en acto una "sociedad de la desconfianza" que debe ser organizada y encausada de manera institucional.

"La contrademocracia –que porta en sus genes la democracia– se define como la democracia de la desconfianza frente a la democracia de la legitimidad electoral" y es la que pone en acto los "poderes de control, de obstrucción o veto y judiciales", es decir, poderes de denuncia y calificación, de crítica y de juicio que crean un contexto de exigencia a los poderes constitucionales que no pueden ser ajenos a esa situación. El pueblo no es sólo el elector sino el pueblo controlador, el pueblo veto y el pueblo juez. Tiene razón Annunziata, pero creo que Rosanvallon va más lejos: esos contrapoderes no solo están colocados en la sociedad, en el pueblo, sino en las propias instituciones estatales. Así, el control del Ejecutivo, por ejemplo, está colocado en el Legislativo. La capacidad de veto la pueden ejercer las oposiciones siempre y cuando tengan suficiente fuerza. Y el ≠icial es capaz de revertir decisiones del resto de los poderes si juzga que sus acciones vulneraron la Constitución o las leyes. No contradigo a Annunziata, solo digo que mi lectura de Rosanvallon me indica que los pesos y contrapesos se encuentran ya desde el propio diseño del régimen democrático.

La desconfianza en los poderes públicos ha generado, como bien lo apunta la autora, la necesidad de generar legitimidades de nuevo cuño. La "legitimidad de la imparcialidad" que demanda un funcionamiento por encima de las lógicas partidistas y facciosas. En nuestro caso, la creación de un buen número de instituciones autónomas podrían ilustrar lo dicho (INE, Banco de México, CNDH, INAI, etcétera). Esa imparcialidad "debe ser demostrada públicamente de manera constante" y de alguna manera son facultades cercenadas a los actores tradicionales de la política democrática. La "legitimidad de reflexividad": "en el lugar de la simplificación que supone la elección [...] coloca la insistencia reflexiva de volver a pensar las decisiones, de pluralizar los enfoques y los ángulos de cada cuestión para lograr una visión más completa de la misma" Entre nosotros cada vez resulta más frecuente que la Corte tenga que desahogar controversias de constitucionalidad y acciones de inconstitucionalidad, lo que está obligando a los legislativos y a los ejecutivos a leer "correctamente" las posibilidades y límites de las normas constitucionales. Y la "legitimidad de proximidad" que obliga a los actores de la política a atender las particularidades de cada tema, acción o política. "A los ciudadanos les importa […] escuchar que la decisión que finalmente se toma con respecto a su caso los tome en cuenta" De ahí la necesidad de los políticos de mostrarse cercanos, atentos a la singularidad de los casos, lo que impacta incluso a su gestualidad y comportamiento.

Cito en extenso a Rocio Annunziata: "La gran transformación política de la democracia, que ha sacado de su centro a la dimensión que ocupara durante dos siglos ese lugar (lo electoral-representativa) fue también acompañada por una gigantesca transformación social. La de los años ochenta es la década del cuestionamiento al Estado de bienestar y a una forma de concebir la igualdad y la solidaridad social. Por eso es que en el presente también está en cuestión la democracia como una forma de sociedad de iguales o semejantes. Mientras progresa la ciudadanía política […] parecería que retrocede la ciudadanía social. En nuestras democracias las desigualdades crecen durante los últimos años de manera sorprendente". Ese proceso –sin duda– ha erosionado uno de los pilares de la reproducción de los sistemas democráticos. Al darle la espalda a la justicia social, al cancelar o atemperar los mecanismos redistributivos, la democracia pierde mucho de su vigor y atractivo. Y si a ello le sumamos la expansión de un individualismo, en el que el ciudadano se contempla a sí mismo sin lazos ni compromisos, el circulo tiende a cerrarse. Por ello, si mal no entendí, habría que aceptar la "singularidad", pero fomentando la "reciprocidad" y la "comunalidad", de tal suerte que se pueden reconstruir los lazos sociales.

En el texto hay un llamado de atención más que pertinente a "los peligros que entrañan las transformaciones actuales". 1) Esa separación retórica entre sociedad civil y esferas de gobierno, que coloca en la primera todas las virtudes y en las segundas todas las taras de la vida social. "La pura negatividad constituye una expresión empobrecida de la crítica". Y en efecto, porque es necesario recalcar que para que exista una sociedad civil fuerte, representativa, plural, es imprescindible la existencia de un Estado democrático de derecho. Y para que éste sea realmente robusto, representativo y capaz, conviene la existencia de una sociedad civil autónoma, expresiva y activa, capaz de construir un contexto de exigencia 2) La fragmentación que de manera natural acarrean los poderes contrademocráticos, "dispersos", "segmentados", que sin duda son expresivos de diversos diagnósticos, malestares y reclamos, pero que a su vez requieren de fórmulas integradoras para observar el conjunto y no solo a su rosario de particularidades .

Valentina Pazé, "La democracia, ayer y hoy". Traducción del italiano: Israel Covarrubias.

En democracia la mayoría decide. Ese es un principio fundamental. Si, ya sé que no puede ni debe hacer su simple voluntad. Que hay un marco normativo que le fija límites, que existen los derechos de las minorías, que hay controles de constitucionalidad y

203

legalidad. Pero en materia electoral, para elegir a gobernantes y legisladores, la mayoría manda.

Y eso puede tener derivaciones perversas. Lo sabían los clásicos de la antigüedad y lo sabemos nosotros. Valentina Pazé nos presenta una reconstrucción del pensamiento al respecto de Platón y Aristóteles que mucho alumbra lo que hoy acontece. Se trata de una posibilidad que el propio régimen democrático porta en sus genes: la demagogia: "un modo de hacer política de aquel que busca solo los consensos fáciles" (Aristóteles).

El demagogo es "un adulador del pueblo" y dice Platón "sabe adivinar los gustos y los deseos de las masas" y lo "único que enseña es precisamente las opiniones de la masa misma, que son expresadas cuando se reúnen colectivamente, y es esto lo que llaman saber". El demagogo no trata de elevar el nivel de comprensión de su auditorio, por el contrario, "desciende a su nivel", simplifica sus mensajes. Apela al mínimo común denominador. "Exhibe su trivialidad, ignorancia, bajeza moral, al ser premiado por el pueblo que lo aclama". Según Platón, democracia y demagogia eran sinónimos, se encontraban anudadas de manera indisociable, porque el principio mismo de mayoría desembocaba de manera "natural" en la demagogia. Dado que la mayoría carecía de conocimientos especializados y de autonomía, su destino era ser seducida por la demagogia: la capacidad de decirle al público lo que el público quiere oír. Quizá Platón fuera excesivamente contundente, pero que la fórmula demagógica puede ser explotada con éxito en democracia no cabe duda.

Aristóteles, según Pazé, tejió más fino. Tampoco "tiene confianza en la capacidad del *demos* de autogobernarse, pero no se limita a la denuncia del infantilismo y de la manipulación de las masas populares". Acepta que la demagogia puede ser una auténtica forma de gobierno, pero es sólo una de las posibles derivaciones de la democracia. Es decir, no son una y la misma cosa. Si las leyes se encuentran por encima de los hombres, los demagogos toparán con pared. "En las ciudades en las cuales la democracia gobierna según la ley no se tiene al demagogo, sino los mejores ciudadanos siguen al poder, mientras que los demagogos surgen donde la ley no es soberana: el pueblo deviene entonces en el auténtico monarca [...]".

Hoy la demagogia –nos dice Pazé– aparece con distintos ropajes: "populismo, plebiscitarismo, bonapartismo, cesarismo", que tienen en común legitimarse "invocando la autoridad del pueblo". Rechazan "las mediaciones de la democracia representativa y los vínculos constitucionales" y se refieren al pueblo como un bloque granítico sin fisuras de los que por supuesto ellos son representantes. (Sobra decir que esa es la piedra de toque de todo autoritarismo; mientras que para las concepciones democráticas en el pueblo palpitan diferentes intereses, ideologías, sensibilidades, etcétera, a las que hay que ofrecer cauce de expresión y representación).

Dice Pazé: "la demagogia acompaña, como una sombra perenne, a la democracia". Y ello por una razón sencilla de entender: el primer recurso para hacer política es la palabra. Y la arenga puede ser modulada por el demagogo para encantar a las masas: un discurso "engañoso, vacíamente retórico, indiferente a la verdad". Dado que se trata de persuadir todas las buenas y las malas mañas son posibles. El demagogo –nos dice la autora– apela a la emoción, no a la razón; repite lo conocido, lo que está implantado en el imaginario público; explota los estereotipos y los lugares comunes.

Y ese discurso tiende a prosperar, nos indica Pazé, en "un contexto de crisis social y económica, donde masas amorfas y desorganizadas no encuentran instituciones y "cuerpos intermedios" que se interpongan entre ellos y el discurso del líder. Es en la relación directa e inmediata entre el demagogo y un polvillo de individuos aislados y asustados, en efecto, que puede cumplirse el milagro de la compactación de los "muchos" en "uno", de la creación desde arriba de un "pueblo" que exalta y arremete al unísono en respuesta a las exigencias del líder".

No obstante, la democracia no se encuentra inerme ante los embates de la demagogia. Pazé cree que los pesos y contrapesos institucionales y las normas que consagran derechos son un dique para contenerla. El bicameralismo, los tribunales constitucionales, los partidos, "la deliberación horizontal", crean un sistema complejo para procesar las diferentes iniciativas y para cerrarle el paso a la voluntad de uno que habla a nombre del pueblo. Pero como ella misma indica: los dos grandes inventos de la modernidad para contener a la demagogia, los parlamentos y los partidos políticos, se encuentran en graves problemas, y no es raro encontrar en ellos expresiones demagógicas desatadas.

La autora termina con una nota que debe llamar a la reflexión: "En el pasado la batalla por la extensión del sufragio estaba acompañada con la batalla por la escolarización de las masas […]". Es decir, el ideal democrático estaba fuertemente anudado con los valores de la ilustración. El pueblo debería ser el soberano, pero al soberano había que alejarlo de supercherías de toda clase por medio de la instrucción y los avances del conocimiento científico. Como al parecer, la segunda parte de la ecuación fracasó (o fracasó a medias) el campo es fértil para la más descarnada demagogia.

Sergio Ortiz Leroux y Jesús Carlos Morales Guzmán, "Democracia y desencanto: problemas y desafíos de la reconstrucción democrática del Estado", entrevista a Luis Salazar Carrión.

El dossier se completa con una muy buena entrevista. Por el entrevistado (Luis Salazar), un hombre no sólo con una espléndida formación, sino sagaz, buen expositor y un analista que trasciende prejuicios de todo tipo; y por los entrevistadores (Ortiz Leroux y Morales Guzmán) que prepararon y decantaron las interrogantes y que pusieron el dedo en varias de las llagas de nuestra incipiente democracia.

Empiezo con un asunto aparentemente marginal pero que me interesa sobre manera. Los entrevistadores hacen una breve introducción donde dicen que en México se produjo una "llamada" "transición democrática". Así entre comillas. Creo que ese es parte de nuestro problema. No aceptar, asimilar y hasta festejar el tránsito democrático. No fue un tránsito hacia la arcadia ni hacia el paraíso (entre otras cosas porque ni la arcadia ni el paraíso existen), pero todos los signos de una transformación de un sistema autoritario a otro democrático están a la vista: partidos equilibrados, elecciones competidas, fenómenos de alternancia en todos los niveles de gobierno, Presidencia de la República acotada por otros poderes constitucionales y fácticos, Congreso vivo en el cual ninguna fuerza política puede hacer su simple voluntad, Suprema Corte jugando el papel de árbitro entre poderes constitucionales, expansión de las libertades. Sé que quizá todo ello ha defraudado a capas enormes de ciudadanos. Pero los nutrientes de ese desencanto, de ese malestar, son múltiples y ojalá no acabemos tirando al niño con el agua sucia.

Vale la pena releer lo que Salazar dice de Bobbio. "Este nunca participó de un encantamiento democrático". Es decir, no la convirtió ni en una varita mágica ni en la ilusión de un régimen que todo lo puede y soluciona. "Se hacía cargo de sus promesas incumplidas", de "los enormes problemas para traducir los ideales democráticos", pero insistió que sin duda era superior moral y políticamente sobre el resto de los regímenes políticos conocidos. El propio Salazar nos recuerda de dónde venimos, no sólo nosotros (México), sino muchos otros países latinoamericanos y por eso le preocupa, igual que a mí, que "no seamos capaces de reconocer los avances".

Como él señala: "las instituciones de los Estados latinoamericanos [...] han ido perdiendo legitimidad [mientras] los poderes fácticos [...] han ido aprovechando justamente el desprestigio de lo público, el descrédito de las instituciones públicas para ganar terreno". Porque en la vorágine de la antipolítica quizá estamos perdiendo el rumbo. Necesitamos al mismo tiempo fortalecer a los poderes constitucionales para que sean capaces de normar y regular el comportamiento de los poderes fácticos y para ello, como apunta Salazar, es necesaria la creación de una auténtica burocracia profesional: capaz, eficiente, honrada.

Salazar detecta además lo que llama "el problema de todos los problemas": "la ausencia de un horizonte de izquierda democrática". ¿Cómo construir ese horizonte? Creo que en la plática por lo menos se esbozan dos grandes líneas de trabajo: "el problema de la igualdad, el problema de la justicia social" y el eventual tránsito de un sistema presidencial a otro parlamentario. Lo primero, el tema de la equidad, si no aparece con fuerza en la agenda de la izquierda condena a ésta a dejar de serlo. Se trata de su resorte fundador, el que le da sentido e identidad, el que la distingue con claridad de otras corrientes. Lo segundo, requiere abandonar "la visión paternal y patriarcal del poder", para poner en el centro un órgano plural capaz de "negociar las diferencias y buscar acuerdos y compromisos entre las diversas fuerzas políticas y sociales".

Es cierto como afirman los entrevistadores que "la palabra democracia no significa demasiado" para los jóvenes. Y también es cierto, como dice Salazar, que para muchos "lo democrático es estar contra la autoridad". Por ello mismo reivindicar y defender y ampliar la democracia, requiere de operaciones en muy diferentes terrenos: desde el pedagógico, para explicar su superioridad en relación a los regímenes autoritarios hasta el combate a todos los fenómenos que tienden a erosionarla en el aprecio público: la falta de crecimiento económico, las ancestrales desigualdades sociales, la corrupción sumada a la impunidad, la espiral de violencia que asola al país.

Hay que leer a Salazar: porque nada garantiza que lo que hoy tenemos en materia política esté condenado a pervivir, más bien puede degenerar, puede erosionarse, puede desgastarse aún más. Y quizá esté sucediendo. Por ello es necesario, como un primer paso, no meter en el mismo saco las causas del malestar y sus manifestaciones, los fenómenos que desprestigian a la democracia y sus instrumentos y la retórica antipolítica. Hay que discernir que debemos combatir y que conservar, que reformar y que apuntalar. Porque me temo que las descalificaciones en bloque de todos y de todo solo siembran el terreno para el autoritarismo.

Andamios. Revista de investigación social, vol. 14, núm. 35, septiembre-diciembre 2017.

Cómo mueren las democracias

Steven Levitsky y Daniel Ziblatt, *Cómo mueren
la democracias*, Ariel, Barcelona, 2018.

COMO TODA CREACIÓN HUMANA LAS DEMOCRACIAS
pueden sucumbir. Preocupados por el triunfo de Donald
Trump, dos profesores de Harvard, Steven Levitsky y
Daniel Ziblatt, se preguntan *Cómo mueren las democracias*. Se
trata de un libro plagado de ejemplos históricos, que pone en
duda la confianza tradicional que los estadounidenses tienen en su
sistema político, pero que sobre todo sirve para reflexionar en aquello que debilita los sistemas democráticos. Adelanto unas notas.

1. Las democracias en nuestros días no mueren como en el pasado. No son hombres armados los que irrumpen para cancelarlas
o desmantelarlas. No suele suceder que los militares bombardeen
la casa presidencial como sucedió en Chile en 1973. En Argentina, Brasil, República Dominicana, Ghana, Grecia, Guatemala,
Nigeria, Pakistán, Perú, Tailandia, Turquía y Uruguay, dicen los
autores, golpes de estado militares provocaron "el colapso de la
democracia". Lo de hoy, que tiene antecedentes, parece ser un
camino distinto: líderes electos en contextos democráticos que
paulatinamente se vuelven contra la propia democracia. Levitsky
y Ziblatt mencionan a Venezuela, Georgia, Hungría, Nicaragua,

Perú con Fujimori, Filipinas, Polonia, Rusia, Sri Lanka, Turquía y Ucrania. Escriben: "el retroceso democrático empieza en las urnas" y lentamente se desmantelan o desvirtúan las instituciones que la hacen posible.

2. ¿Cómo distinguir, se preguntan, a un líder autoritario? Dado que su preocupación fundamental es el movimiento que llevó a Trump a la presidencia, y que, por cierto, afirman, no empezó con él, sino varias décadas antes, sugieren cuatro campos: a) "Si rechaza o tiene una débil aceptación de las reglas democráticas del juego", b) "Si niega la legitimidad de sus oponentes", c) "Si tolera o alienta la violencia" y d) "Si tiene una predisposición a restringir las libertades civiles de la oposición, incluidos los medios de comunicación". Si cualquiera de esos resortes se encuentra activado deberían prenderse las alarmas (con Trump se encienden todas) y piensan que los partidos deben ser el principal filtro para evitar la irrupción de líderes autoritarios. Dicen: "Todas las democracias albergan a demagogos en potencia y, de vez en cuando, alguno de ellos hace vibrar al público", pero es labor de los partidos actuar como cedazos, dado que su principal labor es ser "guardianes de la democracia". Y en esa materia, dicen, hubo una "abdicación" del Partido Republicano.

3. La mecánica autoritaria, sin necesidad de seguir un plan preconcebido, suele tener varios elementos: "Captura de los árbitros" o de aquellas instituciones estatales que están diseñadas para actuar con independencia, no alineadas al Ejecutivo; "compra o debilitamiento de los opositores", no sólo de políticos de otras filiaciones sino también medios de comunicación u organizaciones sociales; "reescritura de las reglas del juego" para sacar ventaja, por ejemplo, en los Estados Unidos el trazo de los distritos electorales o las normas para habilitar o excluir votantes.

4.El respeto a la Constitución y las leyes es fundamental. Pero no basta. En el caso estadunidense, afirman, la ruptura de dos normas no escritas es lo que precipitó la escalada de polarización: a) la tolerancia mutua, la aceptación de que los adversarios tienen derecho a existir, que son contrincantes legítimos y que la política es una contienda regulada no una guerra, saltó por los aires; y b) la autocontención, el freno autoimpuesto bajo la convicción de que es menester preservar la posibilidad de que el "juego" democrático continúe, también fue debilitada. Esas "tradiciones" se están desmantelando y con ello los líderes antidemocráticos tienen mejores condiciones para prosperar.

Digo yo: cuando hay un déficit de comprensión y valoración de la democracia, cuando los problemas sociales no son atajados o resueltos, cuando el lenguaje antipolítico se apodera del espacio público, las probabilidades de que la democracia expire suelen crecer.

El Universal, 11 de diciembre de 2018.

En defensa de la democracia

se terminó de imprimir en junio de 2019
en Cía. Impresora y Editora ANGEMA, S.A. de C.V.,
Gral. Pascual Orozco # 46, Col. Revolución,
C.P. 15460, Ciudad de México.